les 100 plus belles

images

de

L'AFFAIRE DREYFUS

À mes petits-enfants,
Matthieu, Maëlle, Quentin,
Théophane et Clotilde.

Page précédente :

Dreyfus (détail du dessin de la page 100).

Collection conçue et dirigée par Daniel Bordet
Conception graphique : Monique & Jean-Louis Germain

ISBN : 2-9520351-8-6 - Dépôt légal 2e trimestre 2006
Éditions Dabecom : 164, rue de Courcelles, 75017 Paris
Tél. : 06 12 05 17 09 – E-mail : danielbordet@wanadoo.fr

Raymond Bachollet

Les Cent plus belles Images de

L'AFFAIRE DREYFUS

Préface de Jean-Denis Bredin
de l'Académie française

KHARBINE-TAPABOR
les 100 plus belles images

« ... C'est un crime d'égarer l'opinion,
d'utiliser pour une besogne de mort cette opinion
qu'on a pervertie, jusqu'à la faire délirer.
C'est un crime d'empoisonner les petits et les humbles,
d'exaspérer les passions de réaction et d'intolérance,
en s'abritant derrière l'odieux antisémitisme. [...]
C'est un crime que d'exploiter le patriotisme
pour des œuvres de haine... »

Émile Zola, « *J'Accuse !* Lettre au président de la République »,
L'Aurore, 13 janvier 1898.

Sommaire

Zola à son procès.
Croquis d'audience
de Louis Sabattier,
L'Illustration,
26 février 1898.

Préface

Par Jean-Denis Bredin

de l'Académie française

– Elle est trop nue...
Dessin de Jossot,
L'Assiette au Beurre,
n°102, 14 mars 1903.
Militaires, magistrats et clergé font tout pour que la vérité ne sorte pas de son puits... Que fait la presse ?

Voici donc publié, en 2006, grâce à Raymond Bachollet, ce remarquable ouvrage qui nous présente – à travers les dessins, les croquis, les placards de la presse illustrée française, souvent venimeux, féroces, odieux même, quoique servis par le talent et l'imagination – la terrible réalité de « l'affaire » Dreyfus, depuis le 13 octobre 1894, ce jour où le jeune capitaine Alfred Dreyfus fut convoqué au ministère de la Guerre, « en tenue bourgeoise », accusé d'avoir trahi la France, puis arrêté, condamné, dégradé, déporté, détenu dans des conditions atroces, à nouveau condamné en 1899 puis gracié... jusqu'au 12 juillet 1906 – il y a donc un siècle –, ce jour où les Chambres réunies de la Cour de cassation annulèrent le jugement du conseil de guerre de Rennes qui avait une seconde fois condamné Dreyfus « par erreur et à tort ».

Il y a un siècle ! Peut-on évoquer cette audience solennelle de la Cour de cassation, réunissant les trois Chambres ? Elle mit fin à cette injustice qui pendant douze années n'avait cessé de faire souffrir un innocent, un officier très patriote qui ne pouvait supporter l'idée qu'on l'accusât d'avoir trahi sa patrie ? « J'attendais la fin de mon supplice », dira Alfred Dreyfus, évoquant ce jour fameux. C'est à midi, le 12 juillet 1906, que le Premier président Ballot-Beaupré lut lentement, dans un grand silence, en cette première Chambre de la Cour de cassation où tous s'étaient levés, le long arrêt qui réhabilitait l'innocent. « Soldat, avait conclu son avocat Maître Mornard, il avait voué sa vie à la patrie, il lui avait tout offert : elle a tout pris. Santé, bonheur, avenir, tout a été sacrifié. Le capitaine Dreyfus estime que la patrie avait le droit de tout prendre, puisqu'il lui avait tout donné. Il a supporté toutes les angoisses, toutes les misères et les tortures sans nom de l'île du Diable, comme les souffrances d'une campagne atroce. Il est soldat, et ne réclame rien qu'une chose : son honneur ; car cet honneur, c'est le patrimoine inaliénable et sacré de ses enfants : il le veut tout entier et sans tache. » Quelques instants plus tard, la Justice, par son arrêt, condamnait définitivement l'injustice et rendait au capitaine Dreyfus son honneur.

Le 22 juillet, dans la cour de l'École militaire, le capitaine Dreyfus, promu à la hâte commandant, reçoit la croix de la Légion d'honneur, à quelques pas du lieu où il avait subi le martyre de sa dégradation le 5 janvier 1895. Il pense à ce jour affreux, à son sabre brisé, à ses galons arrachés, aux hurlements de la foule injuriant le « traître ». Il a peine à supporter cette cérémonie apparemment « réparatrice... » On crie « Vive Dreyfus ! » Il corrige : « Vive la France, vive la République ! »

Il n'avait rien attendu d'autre que la fin de son martyre et son honneur rendu. Encore après 1906 il subira bien des injustices et des souffrances : les reproches de dreyfusards plus « dreyfusards » que lui, et de temps à autre de brusques renaissances d'antidreyfusisme, qui parcourront la première moitié du XXe siècle. Profondément patriote, aimant d'une même passion la France, l'Honneur, la Vérité, la Justice, il ne se prit jamais pour un héros. Il était au fond l'homme de deux traditions qui s'étaient combattues dans son Affaire : la Patrie et les Droits de l'homme se confondaient en lui. Les cris de haine, les humiliations, les années de bagne, sa santé ruinée, sa vie volée, il eût voulu qu'ils ne soient que des étapes vers une ère de progrès, la liberté et la justice enfin conquises. Il est mort le 12 juillet 1935.

Les images ici assemblées nous disent l'importance du dessin, de la caricature, du croquis, tout au long de l'Affaire. Elles nous font comprendre parfois, par leur férocité, tout ce qu'endura Dreyfus, durant ces douze années tragiques, ce qu'elles furent pour lui et pour sa patrie. Ce livre nous éclaire aussi sur ce que fut la fureur de l'antisémitisme à la fin du XIXe siècle, cette fureur que retrouvera hélas l'histoire de notre XXe siècle.

Voilà donc pourquoi elle ne sortait pas ! Dessin de Felix Valloton, *Le Cri de Paris*, n°120, 14 mai 1889.

N° 52. — 2e Année. ★

30 Centimes

Le cri de paris

Dimanche 123 Janvier 1898

Dessin de F. Vallotton. L'AGE DU PAPIER

Introduction

Sous le signe de l'image

Le 23 janvier 1898, à la une du *Cri de Paris,* était publiée une illustration de Félix Vallotton, simplement intitulée « L'Âge du papier ». Le dessin, très évocateur pour le lecteur de l'époque, représentait des citadins, chapeautés de huit-reflets étincelants, attablés à la terrasse d'un café en train de lire paisiblement leur quotidien, tandis qu'au loin passaient des crieurs de journaux manifestement affairés. De ces feuilles étalées, seuls trois titres étaient lisibles, *Le Journal, le Temps* et *L'Aurore*, ainsi que, pour cette dernière publication, le texte partiel, mais facile à reconstituer dans sa totalité, de l'article qui venait d'ébranler la presse et la société françaises, le fameux « J'Accuse ! » d'Émile Zola, sous-titré « Lettre au président de la République ». Avec ce titre lapidaire, « L'Âge du papier », magistralement mis en image, Vallotton soulignait à la fois l'importance de la presse de son temps et sa diversité, et plus précisément le rôle décisif que le message de Zola allait jouer dans l'évolution de l'affaire Dreyfus, cette affaire qui agiterait les Français pendant près de douze ans et diviserait le pays en plusieurs camps antagonistes.

FIGURES DU JOUR. Paris cuit dans son jus.
Dessin de Bertall,
Le Grelot, n°2,
16 avril 1871.

Cette même année, John Grand-Carteret, le grand spécialiste de l'imagerie populaire, publiait *L'Affaire Dreyfus et l'image,* chez l'éditeur Ernest Flammarion. Très rapidement, semble-t-il, l'auteur avait été submergé par le retentissement mondial de l'événement et par la profusion de la production iconographique qui l'accompagnait. Pendant seulement trois mois, de la fin de l'année 1897 au mois de février 1898, Grand-Carteret avait recensé en effet des centaines de dessins parus dans la presse française et étrangère, des libelles, des placards, des chansons, des cartes postales, des jeux et même des objets. L'abondance de ce recensement multiforme, la prudence de l'auteur dans ses choix et dans ses commentaires, sa connaissance partielle d'une période qui allait courir de la condamnation de Dreyfus

L'Âge du papier.
Dessin de
Félix Vallotton,
Le *Cri de Paris*, n°52,
23 janvier 1898.

Le Bleu de Prusse. Dessin de Gill, *L'Éclipse*, n°260, 19 octobre 1873.

en 1894 à sa réhabilitation en 1906, son refus implicite d'utiliser dans son corpus le dessin d'information habituel, tous ces éléments m'encourageaient à utiliser une autre méthode : mon approche devrait évidemment s'appliquer à toutes les formes d'illustrations et ceci pendant toute la période citée. L'objet de mon étude, par contre, vu la masse des images conçues à l'occasion de cette affaire, devrait être limité. La source iconographique qui me semblait la plus pertinente était la presse illustrée française. Toutefois, aborder une histoire aussi complexe dans une collection qui, dans son concept de base et son titre, voulait se limiter pour chaque sujet traité, aux seules *Cent plus belles images de...*, tenait de la véritable gageure.

Dans un premier temps, plus de cinq cents dessins furent sélectionnés et photographiés. Ils provenaient d'une quarantaine de journaux illustrés différents qui ont rendu compte de l'affaire Dreyfus, qui se sont engagés pour ou contre le capitaine condamné, ou ont préféré rester à la lisière de ce conflit national et de son écho international. Il s'agissait de magazines d'information, de suppléments des quotidiens populaires diffusant les opinions habituelles de leurs journaux respectifs, de revues liées à une mouvance politique déterminée, républicaine, monarchiste, socialiste, libertaire, anarchiste, antimilitariste, voire religieuse, de revues satiriques ou humoristiques n'ayant aucune attache idéologique précise.

Certains de ces périodiques étaient vénérables, mettant en évidence l'ancienneté de la tradition française en la matière, tels *Le Charivari*, créé en 1832, *L'Illustration*, en 1843, *Le Grelot*, en 1871, *Le Pèlerin*, en 1873. D'autres, bénéficiant de la nouvelle loi sur la liberté de la presse, avaient vu le jour principalement pendant la décennie 1880-1890. Des revues étaient nées à la veille des événements dreyfusiens, tels *Le Chambard socialiste*, ou allaient naître pendant l'Affaire elle-même, tels *Le Rire, Les Temps nouveaux, La Feuille, Le Cri de Paris, Psst...!, Le Sifflet, L'Illustré national, Le Musée des Horreurs, La Vie illustrée* et *L'Assiette au Beurre*.

Il fallut faire un choix drastique pour retenir les images les plus significatives retraçant les principales étapes du drame vécu par le capitaine Dreyfus :

la trahison dont il fut accusé, sa condamnation, sa dégradation, sa déportation en Guyane, les difficultés rencontrées par sa famille et ses amis pour faire aboutir une demande de révision du jugement du tribunal militaire de Paris, son retour en France, son second procès à Rennes, sa nouvelle condamnation, la grâce présidentielle dont il bénéficia, différemment vécue par ses partisans, sa patiente marche à l'étoile et enfin sa réhabilitation. Soit, de 1894 à 1906, douze longues années pour obtenir justice.

Dans la reconstitution de ces événements politiques et judiciaires, les historiens citent volontiers les quotidiens de l'époque, mais négligent fréquemment de parler des périodiques illustrés, tout en leur empruntant souvent leurs images, généralement sorties de leur contexte et privées de leurs propres commentaires. Ce qui caractérise en effet le dessin de presse politique, c'est la présence habituelle d'une image et d'un texte se référant tous deux à des faits d'actualité, dont le cocktail a pour but d'agir sur l'opinion du lecteur. Le rapport de l'image et du texte détermine en fait trois types d'illustrations : le dessin d'information, proche de la photographie, où le lien image-texte est très lâche, le commentaire pouvant, selon l'idéologie du rédacteur, exprimer sur la même illustration des points de vue radicalement différents, qui vont d'un rendu objectif des faits observés à leur déformation interprétative la plus radicale. Les deux autres approches sont d'abord le dessin satirique, où la forme se joue de l'exactitude des faits, s'en approche ou s'en éloigne, l'intention du dessinateur étant généralement révélée par une légende caustique explicite ; reste enfin la caricature, pouvant, avec ses caractéristiques propres de transformation de son objet, se suffire à elle-même ou être simplement soulignée par un texte lapidaire. Les frontières ne sont pas imperméables entre ces trois genres qui peuvent parfois coexister, mais il faut souligner que la cohérence entre le texte et l'image est scellée, dans les deux derniers cas, par une gamme de moyens, qui vont de l'humour léger à l'ironie la plus meurtrière.

Nous nous interrogions sur les raisons de l'ancienneté et de la diversité de la presse illustrée en France. Cette presse variée n'est-elle pas tout

DANS LA MÉNAGERIE. Curieuse variété d'animaux féroces et anti-plébliscitaires.
Dessin de J. Blass, *Le Pilori*, n°112, 10 juin 1888.
Ce journal boulangiste ouvrira largement ses colonnes à Édouard Drumont en décembre de la même année, pendant plusieurs numéros, pour lui permettre de faire la promotion de son livre *La France juive* et de l'idéologie qu'il y développe.

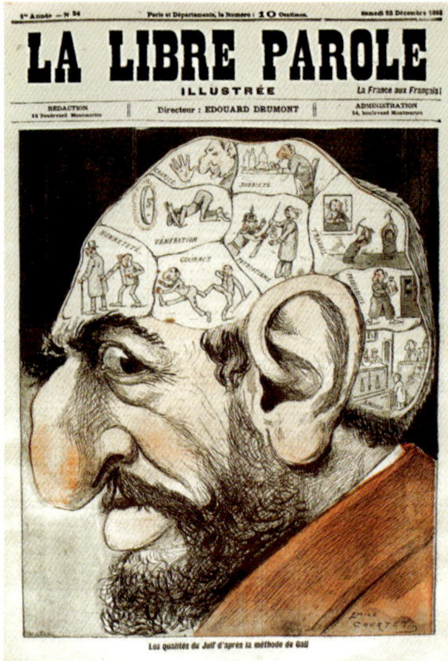

Leur patrie.
Dessin d'A. Esnault, *La Libre Parole illustrée,* n°16, 23 octobre 1893.

Les qualités du Juif d'après la méthode de Gall.
Dessin d'Émile Courtet, *La Libre Parole illustrée,* n°24, 23 décembre 1893.

simplement à l'image de ce XIXe siècle complexe, bouleversé par des événements nationaux et européens violents, parcouru par des courants d'idées divergents, dans tous les domaines ? En moins d'un siècle, le pays a connu sept régimes différents, deux invasions, deux coups d'État, trois révolutions sanglantes, deux rois et deux empereurs réduits à la déchéance, trois présidents de la République obligés de démissionner et un quatrième assassiné. L'armée, mortifiée par ses cuisantes défaites, s'est investie dans ses conquêtes coloniales, mais songe à la revanche et au retour de l'Alsace-Lorraine dans le giron de la mère-patrie : elle occupe de ce fait, et par les contraintes du service militaire devenu obligatoire, une place incontournable et controversée dans la nation, d'autant plus qu'elle est souvent utilisée pour réprimer les mouvements ouvriers. La bourgeoisie, qui ne tient pas du tout à perdre ses prérogatives, est devenue la classe dirigeante du pays.

Quelques images de cette histoire tourmentée permettront au lecteur d'appréhender le contexte dans lequel s'inscrira l'affaire Dreyfus. La Troisième République voit le jour, rappelons-le, dans des circonstances tragiques, comme le suggère l'illustration du journal satirique *Le Grelot*, sous-titrée , « Paris cuit dans son jus » (*page 9*), évoquant à la fois la débâcle récente des armées françaises, la chute de l'Empire, la défaite en marche d'une utopie populaire et l'opportunisme bourgeois qui veille sur son pouvoir. *Le Grelot,* de tendance républicaine, vient d'être fondé à Paris pendant l'épisode de la Commune, qui ne durera que quelques semaines, de mars à mai 1871.

Le dessinateur Bertall, peu tenté par l'idéal communard, illustre les remous de la révolte parisienne. Sous le regard goguenard du Prussien fumant sa grosse pipe, assis sur les milliards de l'indemnité de guerre que doit lui verser la France, et sur une horloge manifestement dérobée, le diable remue la soupe avec sa louche pendant que ses acolytes attisent le feu et font bouillir la marmite. Adolphe Thiers, le chef cuisinier replié à Versailles, l'écumoire à la main, attend le moment propice pour arranger le plat à sa façon en triant les « bons » des « mauvais » ... et faire châtier demain une partie du peuple par une armée vaincue hier par l'ennemi. Un mois plus tard ce sera en effet la semaine sanglante.

Une autre image, signée par André Gill, l'impertinent dessinateur de la presse du Second Empire, illustre, sans commentaire, le soldat prussien qui campe aux portes de Paris, rayant, avec la désinvolture du vainqueur, l'Alsace et la Lorraine de la carte de France (*page 10*).

Quelques années plus tard, la jeune République, qui a résisté à la tentation monarchiste, rencontre un autre péril, comme l'illustre *Le Pilori*. Le traumatisme subi par la patrie, dû à l'arrachement de ces deux provinces, fait le succès du général Boulanger, qui, de 1886 à 1890, reste au centre de la vie politique française, comme ministre de la Guerre et député. Les espoirs et les craintes que « le général revanche » suscite, l'immense popularité du personnage, les sentiments nationalistes et antiparlementaires qu'il draine, secouent l'activité politique et donnent l'occasion aux dessinateurs satiriques de se répartir en clans rivaux. Dans ce journal boulangiste, J. Blass représente le héros du jour en dompteur au milieu d'une ménagerie politique inquiétante accusée ici d'être une « curieuse variété d'animaux féroces et anti-plébiscitaires » (*page 11*), une légende qui donne une idée des visées bonapartistes du journal. En fait le général Boulanger dans cette image, est entouré par les ministres du gouvernement de Charles Floquet qui lui sont hostiles par conviction républicaine. Un duel opposera d'ailleurs ces deux responsables politiques, mais contrairement à toute logique, ce sera le civil qui blessera le militaire.

LA GUERRE DE DEMAIN. Chercher le vainqueur ! Dessin d'Achille Lemot, *Le Pèlerin*, n°1107 du 20 mars 1898.

Pour expliquer les raisons des multiples difficultés rencontrées par la nation, Édouard Drumont publie fin 1885 un *Essai d'histoire contemporaine*,

Huit pages : CINQ centimes

Le Petit Parisien

SUPPLÉMENT LITTÉRAIRE ILLUSTRÉ

DIRECTION : 18, rue d'Enghien, PARIS

UN DUEL TRAGIQUE

LA RENCONTRE ENTRE M. LE CAPITAINE MAYER ET M. LE MARQUIS DE MORÈS

Un duel tragique : la rencontre entre le capitaine Mayer et le marquis de Morès. Dessin de B.D. (Daval), *Le Petit Parisien illustré*, n°178, 3 juillet 1892.

intitulé *La France juive*. Cet ouvrage atteint un tirage considérable. La petite revue biographique, *Les Hommes d'aujourd'hui* (n°301), consacre un numéro entier à l'auteur. Dans son article, E. Armand s'enflamme : « ... Drumont est un observateur profond ; depuis longtemps la décadence de la société française lui était apparue ; le signe évident lui paraissait être l'influence prépondérante qui appartient aujourd'hui aux Juifs, et, patriote sincère, il a rendu un service éminent à son pays en lui signalant l'envahissement de la France par la race sémitique. » En 1893, Drumont crée *La Libre Parole illustrée*, supplément hebdomadaire de son quotidien. Cette nouvelle publication violemment antisémite, répétitive et vulgaire dans ses charges, paraîtra du 17 juillet 1893 au n°200 de septembre 1897, et interrompra donc sa publication en pleine affaire Dreyfus.

Deux caricatures donneront une idée de la formule venimeuse pratiquée de façon lancinante pendant plus de quatre ans par ce périodique. La première illustration, simplement intitulée « Leur patrie », représente un Juif accroché au globe terrestre par ses griffes simiesques d'où s'échappent des pièces d'or, voulant par là dénoncer la vénalité et le cosmopolitisme envahissant de ses semblables (*page 12*). La seconde caricature, parodiant les hypothèses de la phrénologie de Franz Josef Gall, indique en transparence les localisations cérébrales supposées du Juif, qui s'appellent vénération, charité, honnêteté, courage, sobriété, patriotisme, travail, prodigalité et amour ; une suite de vertus contredites par les petits croquis péjoratifs représentés, qui dénoncent en fait les tares cachées du personnage : adoration de l'argent, égoïsme, duperie, dissimulation, cosmopolitisme, poltronnerie, paresse, cupidité et culpabilité.

La presse catholique s'associe dans ses journaux, tels *La Croix* et *Le Pèlerin* (*page 13*), à cet antisémitisme primaire. Dans un de ses dessins, Achille Lemot représente la lutte entre un capitaliste juif, dont les armes sont un coffre-fort et des projectiles en or, et un « vrai Français » dont les seuls moyens de défense sont ses bulletins de vote et l'urne qui lui sert de bouclier. Toutefois pour prouver la dimension messianique de ce combat, les ombres projetées des deux adversaires ont pris la forme du Christ et du diable.

L'armée, très proche de l'Église, est encouragée par cette propagande. Les vexations que subissent les officiers juifs, accusés notamment de n'être pas français mais des félons en puissance, se multiplient. *L'Illustration* du 2 juillet 1892 signale que « la campagne antisémitique entreprise par Drumont contre les Juifs a soulevé bien des passions, mais que l'agitation provoquée n'a véritablement atteint le cœur du pays que lorsque l'armée a été mise en cause. Elle a été signalée par un douloureux événement. À la suite des deux duels dans lesquels le capitaine Crémieu-Foa a cherché à venger l'honneur des officiers israélites attaqués par *La Libre Parole illustrée,* une rencontre a eu lieu entre un autre officier israélite, le capitaine Mayer, et le marquis de Morès. Atteint en pleine poitrine par l'épée de son adversaire, le capitaine Armand Mayer décédait quelques heures après... » *Le Petit Parisien illustré* se fait l'écho de ce grave incident, dont il commente longuement les circonstances, précisant que l'origine de cette querelle vient de la série d'articles parus dans le journal de Drumont : *Les Juifs dans l'armée,* « écrits par le Comte de Lamase, ancien zouave pontifical ».

Avec le *Chambard,* Steinlen célèbre dans ce périodique socialiste la commémoration de la Commune et de ses espoirs, représentant le peuple, artisans, ouvriers, paysans et artistes réunis autour d'une République sociale, marchant hardiment vers un monde meilleur. Le dessinateur exprime aussi à cette occasion son aversion pour l'officier qui, en 1871, a commandé le massacre des « femmes, enfants, vieillards », pendant la semaine sanglante, et sous les traits duquel on reconnaît « dans toute sa gloire », le responsable, le général de Galliffet, le futur ministre de la Guerre du cabinet Waldeck-Rousseau, qui sera choisi quelques années plus tard pour remettre au pas l'armée. L'artiste peint enfin la dure existence des ouvriers déplorant que la généreuse Marianne des débuts ait si mal tourné en devenant une bourgeoise hautaine et égoïste.

Le 9 décembre 1893, la Chambre des députés aborde son ordre du jour. Le travail vient à peine de commencer qu'une bombe est lancée à partir

LA CARMAGNOLE. Elle aura sa revanche, vive le son du canon !
Dessin de Steinlen qui signe Petit Pierre, *Le Chambard socialiste*, n°14, 17 mars 1894.
Numéro réalisé à l'occasion de la commémoration du début de la Commune, le 18 mars 1871.

CELLE QUI A MAL TOURNÉ : – Cache toi, salope ! tu nous fais honte. Dessin de Steinlen, qui signe PP., *Le Chambard socialiste*, n°28, 23 juin 1894.

DANS TOUTE SA GLOIRE. Femmes, enfants, vieillards... rien ne lui résiste ! Dessin de Steinlen qui signe PP., *Le Chambard socialiste*, n°27 du 16 juin 1894, évoquant la Semaine sanglante de mai 1871, et le général de Galliffet, responsable de ce massacre.

des tribunes du public et éclate violemment en l'air, projetant une pluie de clous meurtriers. « Cet attentat aurait pu avoir les conséquences les plus graves, écrit le rédacteur de *L'Intransigeant illustré*, si l'engin explosif avait éclaté par percussion en tombant sur le sol. Heureusement, en éclatant en l'air, les victimes bien qu'au nombre de 47, ont été moins éprouvées. » Le responsable de l'attentat est arrêté. C'est un jeune anarchiste, dénommé Auguste Vaillant, qui a connu une jeunesse misérable et rêve d'un coup d'éclat pour acculer la société à devenir plus humaine, une société qui ne permettrait pas « à quelques individus d'accaparer les richesses sociales », comme il le criera lors de son procès. Tous les journaux relatent cet incident spectaculaire qui marque, après la bombe de Ravachol l'année précédente, le début des attentats anarchistes qui vont ensanglanter le pays, et des lois nouvelles qui vont restreindre la liberté de la presse et la liberté d'association. Le 5 février, après un procès expédié, Auguste Vaillant est guillotiné en criant : « Mort à la société bourgeoise et vive l'anarchie ! »

Le 24 juin 1894, le président Sadi Carnot doit aller à Lyon inaugurer l'Exposition universelle. Ne lui reproche-t-on pas dans certains milieux la mort d'Auguste Vaillant ? Cet ancien ingénieur paisible, intègre et rigoureux, a été nommé à la présidence, quand Jules Grévy dut démissionner de la magistrature suprême, à la suite du scandale des

LA DYNAMITE À LA CHAMBRE. L'explosion. Dessin de Frédéric Lix, *Le Petit Journal illustré*, n°161, 23 décembre 1893.

ASSASSINAT DU PRÉSIDENT CARNOT. A quoi ont servi les 800.000 francs de police supplémentaire contre les anarchistes ! Dessin de Grégoire, *La Libre Parole illustrée*, n°51, 30 juin 1894.

décorations ayant éclaboussé l'Élysée. Dans le landau qui l'emporte vers le Grand-Théâtre, Carnot songe-t-il à son septennat lourd d'épreuves, (boulangisme, antisémitisme, affaire de Panama, attentats anarchistes), qui va se terminer en décembre ? Les chevaux vont au pas. Il ne voit pas l'homme qui s'approche, qui lève le bras, et qui le frappe. À mort. « Auguste Vaillant est vengé », clamera l'assassin, le jeune italien Caserio, avant d'être lui-même guillotiné.

C'est dans ce climat gravement perturbé que, deux mois plus tard, le 29 octobre 1894 exactement, Adrien Papillaud de *La Libre Parole illustrée,* manifestement « informé de bonne source », pose dans son journal une question-piège, mettant le gouvernement au défi de réagir : « Est-il vrai que récemment une arrestation fort importante ait été opérée par ordre de l'autorité militaire ? L'individu arrêté serait accusé d'espionnage. Si la nouvelle est vraie, pourquoi l'autorité militaire garde-t-elle un silence aussi absolu ? Une réponse s'impose ! » Pourquoi, dans les jours qui suivent, cette nouvelle entraîne-t-elle un emballement médiatique et judiciaire aussi important ? Serait-ce la presse elle-même, qui, après sa compromission dans l'affaire de Panama, cherche à redorer son blason et en fait trop ? Serait-ce plutôt l'occasion choisie par le général Mercier, le ministre de la Guerre, pour restaurer une autorité jusqu'ici contestée ou pour conforter ses ambitions présidentielles ? Quand on apprendra que le « traître », arrêté sur son ordre le 15 octobre 1894, est un officier juif, la presse se déchaînera.

Le capitaine Alfred Dreyfus. Photographie prise pendant le Conseil de guerre, *L'Illustration*, n°2704, 22 décembre 1894.

Début octobre 1894, le service de renseignements français, dirigé par le lieutenant-colonel Sandherr, soupçonne le capitaine Alfred Dreyfus, un officier né en Alsace en 1859 et de confession juive, alors stagiaire à l'État-Major général à la suite d'une carrière brillante mais solitaire, d'être l'auteur d'une lettre-bordereau adressée à l'attaché militaire d'Allemagne, Maximilien von Schwartzkoppen, annonçant l'envoi de documents militaires secrets. Dreyfus est marié avec Lucie Hadamard, et père de deux jeunes enfants, Pierre, né en 1891, et Jeanne, née en 1894.

Sur l'ordre du général Mercier, ministre de la Guerre, le capitaine est arrêté le 15 octobre, écroué à la prison du Cherche-Midi et mis au secret. Des fuites ont lieu, émanant sans doute de responsables militaires proches de l'enquête, et la presse fait immédiatement pression sur le pouvoir pour obtenir une sanction exemplaire. Dès le 10 novembre, *La Libre Parole illustrée* n'attend pas de preuves pour condamner l'officier. Son dessinateur Chanteclair le représente tel un avorton rampant, le crâne en forme de casque à pointe et le front marqué par l'infamie, prêt à être jeté à l'égout par Drumont lui-même, avec des pincettes.

En octobre 1894, des soupçons d'espionnage sont alimentés par des fuites. La presse, s'en empare rapidement, réclame des sanctions exemplaires...

À PROPOS DE JUDAS DREYFUS.
– Français, voilà huit années que je vous le répète chaque jour !!!
Dessin de Chanteclair,
La Libre Parole illustrée, n°70,
10 novembre 1894.

2e Année. — N° 70 | Paris et Départements, le Numéro CINQ Centimes | Samedi 10 Novembre 1894

LA LIBRE PAROLE

ILLUSTRÉE

La France aux Français!

RÉDACTION
14, Boulevard Montmartre

Directeur : ÉDOUARD DRUMONT

ADMINISTRATION
14, Boulevard Montmartre

A propos de Judas Dreyfus

— Français, voilà huit années que je vous le répète chaque jour !!!

24e ANNÉE — No 1.231 FRANCE : 15 CENTIMES 11 Novembre 1894

LE GRELOT

BUREAUX
5, Cité Bergère, 5
PARIS

ABONNEMENTS
FRANCE
Un an........ 8 fr.
Six mois...... 4 fr.
Trois mois.... 2 fr.
15 c. le numéro

PARAIT LE DIMANCHE

ADRESSER
Lettres et Mandats à M. J. MADRE
Administrateur

BUREAUX
5, Cité Bergère, 5
PARIS

ABONNEMENTS
ÉTRANGER
Un an........ 10 fr.
Six mois...... 5 fr.
Trois mois.... 2 fr.
20 c. le numéro

PARAIT LE DIMANCHE

PUBLICITÉ
Les Annonces sont reçues aux Bureaux du Journal

Voir en tête de la deuxième page les conditions auxquelles on peut recevoir gratuitement le GRELOT

INTERNATIONALISME

— Moi aussi, je fais ma bedide gommerce internationaliste, et pis après ?

INTERNATIONALISME. – Moi aussi, je fais ma bedide gommerce internationaliste, et pis après ?
Dessin de Pépin, *Le Grelot*, n°1231, 11 novembre 1894.

2e Année. — N° 71 Paris et Départements, le Numéro CINQ Centimes Samedi 17 Novembre 1894

LA LIBRE PAROLE

ILLUSTRÉE

La France aux Français!

RÉDACTION 14, Boulevard Montmartre — Directeur : ÉDOUARD DRUMONT — ADMINISTRATION 14, Boulevard Montmartre

Savonnage infructueux

— Juifs, chez nous, en France, le sang, seul, lave une tache comme celle-là !!!

SAVONNAGE INFRUCTUEUX.
– Juifs, chez nous, en France, le sang, seul, lave une tache comme celle–là !!!
Dessin de Chanteclair, *La Libre Parole illustrée*, n°71, 17 novembre 1894.

« Quelle formidable leçon, cette infâme trahison du Juif Dreyfus, pouvait-on lire dans *La Libre parole illustrée* du 10 novembre. Un homme en situation aisée, gendre d'un riche négociant, officier dans notre armée, occupant un des postes les plus enviés, s'en allant livrer à l'étranger les plans de la mobilisation, donner le nom de ses camarades envoyés en mission ; jamais on avait vu pareil forfait en notre pays [...]. On avait pu espérer que nos généraux, nos ministres de la Guerre, moins politiciens, moins inféodés à la haute banque que leurs collègues, se fussent tenus sur la défensive vis-à-vis de cette race. Au contraire, en compulsant l'annuaire militaire, le commandant Z..., notre collaborateur, a trouvé une proportion effrayante d'officiers juifs, tenant les emplois de l'armée les plus condidentiels, partant les plus recherchés... »

Seul le sang peut laver une telle infamie, et non les sacs d'or juifs et francs-maçons, suggère explicitement Chanteclair dans son dessin la semaine suivante.

Le Grelot, sous la signature de Pépin, se permet d'ironiser, en comparant la trahison de l'officier juif – pour de l'argent – à l'internationalisme des socialistes français, Mathieu Bazile (dit Jules Guesde) et Jean Jaurès, accrochés à leur drapeau rouge. Ce journal, depuis les débuts de la Troisième République, a une longue expérience des tribulations de la politique française. Tout récemment, il s'est opposé au général Boulanger et à son aventurisme. D'où sa relative prudence dans ses commentaires.

... et, nourrie par le profond climat antisémite de la société française...

Le Journal illustré

TRENTE ET UNIÈME ANNÉE — N° 48

DIMANCHE 2 DÉCEMBRE 1894

PRIX DU NUMÉRO 15 CENTIMES

ABONNEMENTS	UN AN	SIX MOIS
Paris	6 50	3 50
Départements	7 50	4 »
Étranger	9 »	5 »

LES ANNONCES SONT REÇUES AUX BUREAUX DU JOURNAL, 61, RUE LAFAYETTE ET 15, RUE GRANGE-BATELIÈRE

L'AFFAIRE DE HAUTE TRAHISON. — LE CAPITAINE DREYFUS SE RENDANT A L'INTERROGATOIRE.

Dessin de Tofani. — Gravure de Méaulle. — Voir l'article, page 370.

... pousse le gouvernement à faire convoquer le premier conseil de guerre de Paris qui condamne rapidement Dreyfus à huis clos...

L'AFFAIRE DE HAUTE-TRAHISON. – Le capitaine Dreyfus se rendant à l'interrogatoire.
Dessin d'Oswaldo Tofani, gravure de Méaulle, *Le Journal illustré*, n°48, 2 décembre 1894.

Huit pages : CINQ centimes

Dimanche 23 Décembre 1894.

...etit Parisien

...LÉMENT LITTÉRAIRE ILLUSTRÉ

DIRECTION : 18, rue d'Enghien, PARIS

TOUS LES JEUDIS SUPPLÉMENT LITTÉRAIRE

L'AFFAIRE DU CAPITAINE DREYFUS

Au Conseil de Guerre de Paris

L'AFFAIRE DU CAPITAINE DREYFUS. Au conseil de guerre de Paris.
Dessin de Crespin, *Le Petit Parisien illustré*, n°307, 23 décembre 1894.

Notification au condamné de l'arrêt du conseil de guerre. Dessin de Gennaro d'Amato, *L'Illustration*, n°2705, 29 décembre 1894.

La presse illustrée d'actualité ne commence à réagir à l'événement qu'au début du mois de décembre, quand elle apprend la convocation du premier conseil de guerre, ordonnée par le général Saussier, gouverneur de Paris. Tofani, le dessinateur du *Journal illustré*, montre le capitaine Dreyfus au moment où, accompagné d'un sous-officier, il traverse la rue du Cherche-Midi pour se rendre de la prison à la salle de l'interrogatoire. Le périodique note que l'accusé n'a fait aucun aveu, mais que les charges qui pèsent sur lui sont de telle nature que le chef d'État-Major général et le ministre de la Guerre n'ont pas hésité à le traduire devant le conseil de guerre.

Celui-ci, réuni le 19 décembre, exige que la procédure ait lieu à huis clos. Crespin, le dessinateur du *Petit Parisien*, illustre le premier moment de ce procès, masquant ainsi la réalité d'un jugement d'exception, qui ne donne pas à la défense, représentée par Maître Demange, les moyens d'exercer pleinement sa mission. D'autre part, les déclarations préalables du ministre de la Guerre sur la culpabilité certaine de l'accusé et sa communication illégale de pièces secrètes, à l'insu de la défense, à des juges soumis de fait au poids de la hiérarchie militaire, ne peuvent qu'entraîner la condamnation de Dreyfus.

« Samedi 22 décembre, vers sept heures du soir, comme l'écrit *L'Illustration*, le Conseil déclare, à l'unanimité des voix, l'accusé coupable du crime de trahison et prononce publiquement sa condamnation à la dégradation militaire et à la déportation perpétuelle dans une enceinte fortifiée. »

Le Petit Journal

Le Petit Journal
CHAQUE JOUR 5 CENTIMES
Le Supplément illustré
CHAQUE SEMAINE 5 CENTIMES

SUPPLÉMENT ILLUSTRÉ
Huit pages : CINQ centimes

ABONNEMENTS

	TROIS MOIS	SIX MOIS	UN AN
PARIS	1 fr.	2 fr.	2 fr 50
DÉPARTEMENTS	1 fr.	2 fr.	4 fr.
ÉTRANGER	1 50	2 50	5 fr.

Sixième année — DIMANCHE 13 JANVIER 1895 — Numero 217

LE TRAITRE
Dégradation d'Alfred Dreyfus

LE TRAÎTRE. Dégradation d'Alfred Dreyfus. Dessin d'Henri Meyer, *Le Petit Journal illustré*, n°217, 13 janvier 1895.

DÉGRADATION DU CAPITAINE ALFRED DREYFUS. La parade d'exécution, dans la cour de l'École militaire. Dessin de Frédéric de Huenen, *L'Illustration*, n°2707, 12 janvier 1895.

« La dégradation eut lieu le samedi 5 janvier ; je subis cet horrible supplice sans faiblesse, notera l'ex-capitaine Dreyfus dans le récit de ses *Cinq années de ma vie*, écrit en 1901 pour ses enfants. Je fus conduit entre quatre hommes et un gradé au centre de la place.

« Neuf heures sonnèrent ; le général Darras, commandant la parade d'exécution, fit porter les armes. Je souffrais le martyre, je me raidissais pour concentrer toutes mes forces, j'évoquais pour me soutenir le souvenir de ma femme, de mes enfants. Aussitôt après la lecture du jugement, je m'écriai, m'adressant aux troupes : "Soldats, on dégrade un innocent ! Soldats, on déshonore un innocent ! Vive la France, vive l'armée !"

« Un adjudant de la garde républicaine s'approcha de moi. Rapidement, il arracha boutons, bandes de pantalon, insignes de grade du képi et des manches, puis il brisa mon sabre. Je vis tomber à mes pieds tous ces lambeaux d'honneur.

« La cérémonie continua. Je dus faire le tour du carré. J'entendis les hurlements d'une foule abusée, je sentis le frisson qui devait la faire vibrer. [...] Le tour du carré s'acheva ; le supplice était terminé, je le croyais du moins. L'agonie de cette longue journée ne faisait que commencer... »

DÉGRADATION DU CAPITAINE ALFRED DREYFUS. Le défilé devant les troupes. Dessin de Gennaro d'Amato, *L'Illustration*, n°2707, 12 janvier 1895.

... et entraîne sa dégradation dans une mise en scène théâtrale où le condamné crie son innocence face à une foule haineuse.

LE TRAÎTRE.– Qu'est–ce que Dreyfus ? C'est l'homme qui pour trente deniers a voulu rendre veuves toutes les femmes de France, faire pleurer des larmes de sang aux petits enfants et livrer ses compagnons d'armes aux balles de l'ennemi. Dessin de Pierre–Oswald Heidbrinck, *Le Rire*, n°9, 5 janvier 1895.

L'affabulation, l'invention et le mensonge commencent alors leur longue carrière.

La dégradation. Composition allégorique de Lionel Royer, *Le Journal illustré*, n°53, 6 janvier 1895.

Au cours de la parade de dégradation, le journaliste de *L'Illustration* est frappé par la docilité du condamné, qui a subi sans révolte apparente la lacération de son uniforme et la perte des différentes marques de son grade, puis par l'allure mécanique de sa démarche : «... Son allure est si naturelle, écrit-il, qu'on croirait voir un soldat défilant ou manœuvrant dans des conditions normales, n'étaient ses bras ballants, et l'aspect étrangement funèbre de cet accoutrement qui fut un uniforme et qui, tout noir maintenant, n'est plus qu'une sorte de livrée sans nom. Le condamné poursuivra ainsi sa lamentable promenade jusqu'au bout, sans courber un instant le front sous les regards curieux et méprisants braqués sur lui...»

Le rédacteur du *Petit Journal illustré* n'interprète pas cette attitude passive de la même façon : « ... On a appelé cette cérémonie une épreuve terrible, note-t-il, et le véritable châtiment du criminel. Nous y avons assisté et nous ne croyons pas qu'elle ait été grave pour lui. Certes, nous étions plus émus que ce drôle [...]. Il marchait droit, d'un pas très régulier, les traits nullement altérés, et donnait l'impression, non d'un coupable accablé ou d'un innocent qui proteste, mais seulement d'un vaincu qui enrage [...]. Le traître blasphémait encore une fois contre la patrie : il cria d'une voix forte, assurée :

Vive la France, vous dégradez un innocent ! »

Sur le point de monter dans la voiture cellulaire, le condamné aurait tenu des propos ambigus : « J'ai livré quelques pièces sans valeur pour les échanger contre de plus importantes. » Le journal commente ensuite « l'aveu » qu'il vient d'inventer de toutes pièces, sans doute pour mieux convaincre de la culpabilité du « traître » son public populaire, peut-être ébranlé par ces cris d'innocence ? Ce qui lui permet de conclure avec sérénité : « Non, Dreyfus a été bien jugé. Par malheur son absence de sens moral lui a fait subir une dégradation sans qu'il en fût réellement frappé. »

On commence à voir quelques nuances apparaître dans le large éventail des périodiques.

TRAÎTRE À LA PATRIE.
- Il a déshonoré l'uniforme français.
Dessin de Montégut,
Le Pèlerin, n°939,
30 décembre 1894.

Les commentaires vont bon train dans les périodiques illustrés, mais aucun d'eux ne semble alors remettre en question la validité du jugement condamnant Dreyfus. « L'Arche sainte », cette armée, rempart de la patrie contre l'ennemi extérieur, ne saurait être complice d'une erreur judiciaire quelconque, encore moins d'une machination machiavélique !

Le Rire, la toute nouvelle revue humoristique dirigée par Félix Juven, sortant de son domaine de joyeuse critique sociale, exprime, sous la plume d'Heidbrinck, le sentiment général d'indignation ressenti devant le crime commis par Dreyfus. Dans la composition allégorique de Lionel Royer du *Journal illustré*, la Justice expédie théâtralement Judas aux enfers, depuis la cour d'honneur de l'École militaire, tandis qu' Achille Lemot, le fidèle caricaturiste du *Pèlerin*, la revue illustrée catholique largement diffusée dans la France rurale, préfère ficeler l'apôtre félon à un poteau d'exécution devant des soldats curieusement tronqués et une Patrie vengeresse, au bras accusateur, enveloppée dans le drapeau français.

Le Chambard socialiste n'a pas la même mémoire courte que ses confrères. Il lui revient que l'armée n'est pas aussi « sainte » qu'elle le prétend, que sa justice expéditive n'est guère clémente envers ses jeunes soldats indisciplinés et que le crime de Dreyfus n'est rien à côté de la trahison du maréchal Bazaine pendant la guerre de 1870. Condamné à mort, cet officier de haut grade avait vu sa peine commuée en vingt ans de prison, laquelle s'était transformée en une évasion réussie et définitive du fort de Sainte-Marguerite, une île au large de Cannes, où il était détenu. De cela, l'armée en envoyant Dreyfus « au diable » saura se souvenir.

DEUXIEME ANNEE — N° 55. 10 Centimes SAMEDI 29 DÉCEMBRE 1894.

Le Chambard SOCIALISTE

BUREAUX
19, rue du Croissant
PARIS

Satirique — Illustré — Paraissant tous les Samedis

Rédacteur en Chef : GÉRAULT-RICHARD

ABONNEMENTS
UN AN .... 6 fr.
SIX MOIS .... 3 fr.
TROIS MOIS .... 2 fr.
ÉTRANGER LE PORT EN SUS

ÉGALITÉ

ÉGALITÉ. Feu Bazaine : – À nous la simple détention, ô mon fils !... C'est aux petits pioupious que sont réservées les balles !

Dessin de Moloch, *Le Chambard socialiste*, n°55, 29 décembre 1894.

Le Petit Journal

Le Petit Journal
CHAQUE JOUR 5 CENTIMES
Le Supplément illustré
CHAQUE SEMAINE 5 CENTIMES

SUPPLÉMENT ILLUSTRÉ
Huit pages : CINQ centimes

ABONNEMENTS

	TROIS MOIS	SIX MOIS	UN AN
PARIS	1 fr.	2 fr.	8 fr 50
DÉPARTEMENTS	1 fr.	2 fr.	4 fr.
ÉTRANGER	1 50	2 50	5 fr.

Sixième année — DIMANCHE 20 JANVIER 1895 — Numero 218

ALFRED DREYFUS DANS SA PRISON

Alfred Dreyfus dans sa cellule de la Santé avant son départ pour l'île du Diable.
Dessin de Lionel Royer, *Le Petit Journal illustré*, n°218, 20 janvier 1895.

Panorama des Iles du Salut, composées de l'île Royale, de l'île Saint-Joseph et de l'île du Diable.
Dessin de P. Dujardin, *La Vie illustrée*, n°7, 1er décembre 1898.

DU CHERCHE-MIDI À L'ÎLE DU DIABLE. La case de Dreyfus à l'île du Diable.
La palissade autour de la case fut construite en 1896 pour interdire à Dreyfus toute velléité de fuite et aussi par brimade, pour l'empêcher de voir la mer. Dessin de Bonnet, *La Vie illustrée*, n°32, 25 mai 1899.

Un voyage éprouvant le déporte à l'île du Diable, en Guyane...

« Après sa dégradation, écrit dans le commentaire de son illustration *Le Petit Journal illustré*, le traître fit un court passage à la Conciergerie, puis, certaines formalités accomplies, il fut mené à la prison de la Santé, où il attend son départ pour l'Ile de Ré et ensuite pour les îles du Salut d'où l'on s'évade beaucoup moins aisément que de la Nouvelle-Calédonie.

« On a raconté, on aurait pu croire, que le traître, dès sa réclusion, allait voir sa moustache rasée, ses cheveux coupés, et qu'on le forcerait à revêtir l'uniforme de la prison.

« Il n'en a rien été ; on lui a permis de porter des vêtements à lui et de garder ses moustaches. Ah ! s'il avait volé un pain, on l'eût traité avec la dernière rigueur ; mais, songez donc, il a seulement vendu sa patrie, c'est peu de chose et il est bien juste qu'on l'entoure d'égards précurseurs, peut-être, d'une future évasion. »

L'île du Diable, le lieu de détention que va rejoindre Dreyfus, est un ilot dépendant des îles du Salut, qui comporte deux autres îles : l'île Royale et l'île Saint-Joseph. Cet archipel est proche de Cayenne en Guyane. L'île principale abrite la garnison et l'île du Diable servait jadis à isoler les bagnards lépreux. C'est là que le pouvoir a décidé d'emprisonner Dreyfus.

Le Petit Journal

Le Petit Journal
CHAQUE JOUR 5 CENTIMES
Le Supplément illustré
CHAQUE SEMAINE 5 CENTIMES

SUPPLÉMENT ILLUSTRÉ
Huit pages : CINQ centimes

ABONNEMENTS

	SIX MOIS	UN AN
SEINE ET SEINE-ET-OISE	2 fr.	3 fr. 50
DÉPARTEMENTS	2 fr.	4 fr.
ÉTRANGER	2 50	5 fr.

Septième année — DIMANCHE 27 SEPTEMBRE 1896 — Numéro 306

Dreyfus à l'Ile du Diable

Dreyfus à l'île du Diable. Dessin de F. Méaulle, *Le Petit Journal illustré*, n°306, 27 septembre 1896.

...où on l'enferme dans une case éclairée et surveillée nuit et jour. Il a beau écrire aux responsables politiques, pour protester de son innocence, personne ne lui répond.

Dreyfus à l'île du Diable. Dessin de Montégut, *Le Pèlerin*, n°1085, 17 octobre 1897.

Comme l'annonçait *Le Petit Journal illustré*, Dreyfus a été transféré de la Santé à l'île de Ré, où il peut, comme à Paris, écrire à sa femme et recevoir ses lettres, sous réserve que, dans leur courrier, ni l'un ni l'autre n'aborde la situation juridique du prisonnier. Il peut également voir son épouse deux fois par semaine. Le 21 février Dreyfus est prévenu que son départ pour la Guyane aura lieu le lendemain. Il est embarqué sur une chaloupe à vapeur.

« À mon arrivée sur le *Saint-Nazaire*, notera Dreyfus, je fus conduit dans une cellule de condamné, fermée par un simple grillage, située sous le pont, à l'avant. Le froid était terrible – près de 14 degrés sous zéro – la nuit noire. Un hamac me fut jeté et je fus laissé sans nourriture. Le lendemain soir, le *Saint-Nazaire* levait l'ancre. »

La traversée dura quinze jours dans des conditions atroces. À son arrivée en Guyane, Dreyfus fut enfermé pendant un mois dans une chambre du bagne de l'île Royale en attendant que soit construite sa case dans l'île du Diable.

« La case qui me fut affectée était en pierres et mesurait 4 mètres sur 4 mètres. Les fenêtres étaient grillées. Les surveillants étaient relevés de deux heures en deux heures, ils ne devaient me perdre de vue ni de jour, ni de nuit. La case était éclairée de nuit. Je n'avais la faculté de circuler, durant le jour, que dans la partie de l'île comprise entre le débarcadère et le petit vallon où se trouvait l'ancien campement des lépreux. Il m'était formellement interdit d'adresser la parole à qui que ce fût.
La ration au début fut celle du soldat aux colonies. Je devais faire la cuisine moi-même, faire d'ailleurs tout moi-même. »

DREYFUS À CAYENNE. Une monnaie qui ne passe pas. Dessin de Pépin, *Le Grelot*, n°1328, 26 septembre 1896.

En septembre 1896, Dreyfus est prévenu qu'il ne pourra plus se promener dans la partie de l'île qui lui était réservée. Le lendemain, il est mis aux fers pour la nuit, avec un système d'attache, dit en double boucle, qui l'immobilise sur son lit. Les sorties de sa case lui sont désormais interdites, tant que la palissade qui doit entourer la pièce où il vit, ne sera pas construite. Les rares lettres qui échappent à la censure ne lui sont plus remises que recopiées, car les originaux risqueraient de contenir des messages secrets dissimulés ! Dreyfus décrit lui-même l'évolution négative de ses conditions de détention :

« La case fut entourée d'une palissade de 2,50 m de hauteur, distante de 1,50 m environ de la case. Cette palissade dépassait de beaucoup en hauteur les petites fenêtres grillées de la case, de telle sorte que je n'eus plus ni air, ni lumière dans l'intérieur de la case. En dehors de cette première palissade de défense fut construite une deuxième palissade d'égale hauteur, et qui comme la première, me cachait toute vue du dehors. »

L'espace dégagé entre ces deux palissades devient le seul lieu de promenade du prisonnier, qui ne peut plus voir la mer, ni la maigre nature de l'île.

Des bruits d'évasion conduisent à renforcer les mesures de sécurité autour de lui, altérant gravement sa santé...

5e Année. — N° 116 — Paris et Départements, le Numéro CINQ Centimes — Samedi 28 Septembre 1895.

LA LIBRE PAROLE ILLUSTRÉE

La France aux Français!

RÉDACTION 14, Boulevard Montmartre — Directeur : ÉDOUARD DRUMONT — ADMINISTRATION 14, Boulevard Montmartre

LES PRÉOCCUPATIONS MINISTÉRIELLES

« Le Ministre de l'Intérieur vient d'autoriser l'ex-capitaine Dreyfus à ajouter à son ordinaire *des pâtés de foie gras et des dindes en boîtes.....* »

(Les Journaux de cette semaine.)

Mieux vaut trahir sa patrie, sous la République opportuniste, que la servir.

MARTYR.
– Avec tout ça, je n'arrive pas à fermer mon pantalon ! Dessin de Caran d'Ache, *Psst...!*, n°41, 12 novembre 1898.

LES PRÉOCCUPATIONS MINISTÉRIELLES : LE PÉNITENCIER DES ÎLES DU SALUT. « Le Ministre de l'intérieur vient d'autoriser l'ex-capitaine Dreyfus à ajouter à son ordinaire des pâtés de foie gras et des dindes en boîtes...» Mieux vaut trahir sa patrie, sous la République opportuniste, que de la servir. Dessin de Maillotin, *La Libre Parole illustrée*, n°116, 28 septembre 1895.

Le prisonnier s'interroge sur les raisons qui ont poussé l'administration pénitenciaire à aggraver ses conditions de détention. Il apprend que c'est pour prévenir toute tentative d'évasion. L'air est devenu étouffant, la chaleur torride, le degré d'humidité insupportable. Les insectes pullulent, moustiques, fourmis, araignées-crabes. Dreyfus est complètement épuisé, sa santé est défaillante : fièvres, congestion cérébrale, évanouissements, hémorragies se succèdent et leurs corollaires psychiques, crises d'angoisse, insomnies, dépression. On craint le pire. Des consignes sont données pour embaumer son corps en cas de décès, pour prouver que le prisonnier ne s'est pas évadé et est bien mort en captivité.

29e ANNÉE — N° 1.465 FRANCE : 15 CENTIMES 7 Mai 1899

LE GRELOT

BUREAUX
5, Cité Bergère, 5
PARIS
ABONNEMENTS
FRANCE
Un an........ 8 fr. »
Six mois....... 4 fr. »
Trois mois.... 2 fr. »
15 c. le numéro
PARAIT LE DIMANCHE
ADRESSER
Lettres et Mandats à M. J. MADRE
Administrateur

BUREAUX
5, cité Bergère,
PARIS
ABONNEMENTS
ÉTRANGER
Un an....... 10 fr. »
Six mois...... 5 fr. »
Trois mois... 2 fr. 50
20 c. le numéro
PARAIT LE DIMANCHE
PUBLICITÉ
Les Annonces sont reçues aux Bureaux du Journal

Voir en tête de la deuxième page les conditions auxquelles on peut recevoir gratuitement le GRELOT

LOGIQUE

LOGIQUE.
Dreyfus à l'île du Diable.
« Dans cette enquête, on a entendu des généraux, des concierges, des ministres, des catins, etc.; etc., et il y en a un qu'on a oublié d'entendre, c'est Dreyfus. »
Dessin de Pépin,
Le Grelot, n°1465,
7 mai 1899.

Coucher de soleil.
Dessin de Ola,
Le Triboulet,
30 avril 1899.

COUCHER DE SOLEIL

Le traître sur son rocher s'aperçoit que la Revision qu'il croyait si sûre pourrait bien se convertir en une simple vision.

La construction d'une autre case est décidée sur le rapport du médecin. La pièce est un peu plus spacieuse, plus aérée et entourée d'une seule palissade. Le règlement intérieur est désormais affiché dans la case, concernant la propreté, la nourriture, le courrier, la fermeture des portes, les réclamations, l'éclairage de nuit, la surveillance permanente, l'interdiction absolue au détenu et aux surveillants de s'adresser la parole, etc. L'équipe de surveillance est renforcée. Les vexations se succèdent.

« Je ne connais d'ailleurs pas, dira Dreyfus, de supplice plus énervant, plus atroce que celui que j'ai

Tandis qu'une partie de la presse parle de sa détention comme d'une véritable villégiature avec champagne, cigares et foie gras.

DREYFUS À L'ÎLE DU DIABLE : – ***Braves amis !... je me demande ce qu'ils auraient pu faire, si j'étais innocent.***
Dessin d'Achille Lemot, *Le Pèlerin*, n°1126, 31 juillet 1898.

subi pendant cinq années, d'avoir deux yeux braqués sur moi, jour et nuit, à tous les moments, dans toutes les conditions, sans une minute de répit. »

« Décidément, le traître Dreyfus nous coûte cher », constatera *Le Petit Journal*. C'est la période où certaines revues se font l'écho d'une possible évasion du prisonnier, censé se promener « libre et joyeux en Amérique du Sud », mais dans l'ensemble, les illustrés font confiance à l'armée pour assurer la garde du condamné. *Le Grelot* en 1896 pense que l'argent juif ne réussira pas à soudoyer les surveillants de Dreyfus. Par contre, les conditions de détention du prisonnier paraissent-elles un peu adoucies par l'envoi épisodique de courrier, de colis de livres, de linge ou de nourriture, que certains, tels *La Libre Parole illustrée, Psst...! Le Triboulet* ou *Le Pèlerin*, transforment le séjour à l'île du Diable en véritable lieu de villégiature pour le privilégié, qui peut boire champagne, fumer cigare, manger foie gras et engraisser, pendant que les petits soldats se font tuer à Madagascar. Mais dans leur ton, se dessine la crainte d'une possible révision du procès de Dreyfus. En mai 1899, *Le Grelot*, qui ignorera que le détenu a été tenu dans le secret le plus absolu sur tout ce qui s'est passé en France depuis son départ de l'île de Ré, pensera qu'il serait temps « d'entendre » l'accusé lui-même.

Les attaques antisémites se multiplient, accusant les Juifs d'être responsables de tous les scandales de la Troisième République.

Mesures sanitaires contre la peste... principale.
Dessin d'Achille Lemot,
Le Pèlerin, n°1049, 7 février 1897.

C'EST NOUS QUI SONT LES NOBLES.
– J'ai très vivement le sentiment de la race à laquelle nous appartenons et que je considère comme la première aristocratie du monde (Lettre d'Isaac Levaillant à Bloch).
Dessin de Chanteclair,
La Libre Parole illustrée, n°92,
13 avril 1895.

Depuis la condamnation et la déportation de Dreyfus en Guyane, quelques journaux illustrés continuent d'être mobilisés par la propagande antisémite.

Chanteclair de *La Libre Parole illustrée*, montre une manifestation juive qui revendique la noblesse et la paternité des affaires en cours : l'affaire de Panama (citant quelques-uns des responsables, Arton, Cornélius Herz, Eiffel, Reinach), l'effondrement de l'Union générale (les frères Rothschild), les emprunts du Honduras, les lots turcs, etc. La palme de « La Noblesse de la trahison » est attribuée à Alfred Dreyfus.

Bob continue de mentionner dans *Le Rire* les affaires qui clouent Marianne au pilori, notamment celles des Chemins de fer du Sud, des Mines d'or et des Fournitures militaires, et ne peut que conclure : « Sûr, qu'elle n'est pas à la noce, la France !... »

Pour *Le Pèlerin*, seule la «bonne presse », symbolisée par un moine en bure, portant les bons livres, la vie des saints et de Jeanne d'Arc, protecteurs de la jeunesse, dressant la croix comme un rempart contre les ennemis de la religion, pourra repousser le diable juif et franc-maçon, ses horribles journaux et ses publications pornographiques. En bref, prendre les « mesures sanitaires (qui s'imposent) contre la peste... principale ».

Pépin, dans *Le Grelot*, ne s'associe pas à ces attaques venimeuses concentrées sur les Juifs et se contente d'affirmer que les catholiques surpassent ces derniers par leur vénalité, leur hypocrisie et leur exploitation de la bêtise humaine. L'évolution des travaux du Sacré-Cœur de Montmartre et la livraison d'une de ses cloches, « pour obtenir la délivrance du pape », lui donnent l'occasion de dénoncer ironiquement une opération commerciale (entrée de la coupole, 50 centimes , entrée de la crypte, 25 centimes, pour voir la cloche, 10 sous d'entrée) et subtilement politique : la condamnation de la Commune (« La revanche du 18 mars 1871 », lit-on sur un panneau perdu dans la foule).

Sûr, qu'elle n'est pas à la noce, la France !...
Dessin de Bob, *Le Rire*, n°60, 28 décembre 1895.

LA SAVOYARDE.
Pour exploiter la bêtise humaine, les cléricaux surpassent les Juifs ; leur vénalité n'a d'égale que leur hypocrisie.
Dessin de Pépin, *Le Grelot*, n°1281, 27 octobre 1895.

LE COUP DES MINES D'OR :
– La réduction des salaires permet aux compagnies de distribuer plus de dividendes.
Dessin anonyme,
La Libre Parole illustrée, n°178,
5 décembre 1896.

Bernard Lazare, écrivain juif, athée et anticonformiste, analyste subtil de la condition des Juifs de France, se lance dans la bataille, à la demande de Mathieu Dreyfus.

Pourquoi en novembre 1896, *La Libre Parole illustrée*, dont les dessinateurs ne signent plus leurs dessins, accentue-t-elle ses attaques tous azimuths contre les Juifs ?

Pour se rallier les sympathies du monde ouvrier ? La revue met en scène des clowns juifs, juchés sur une estrade de foire, annonçant joyeusement aux travailleurs des Compagnies des mines d'or la réduction de leurs salaires au bénéfice des actionnaires.

L'une des raisons de cette agitation, c'est la parution, à Bruxelles, en novembre 1896, d'une modeste brochure qui fait scandale, intitulée *Une erreur judiciaire. La vérité sur l'affaire Dreyfus*, écrite par Bernard Lazare et publiée en Belgique pour éviter toute saisie intempestive. Ce jeune journaliste et écrivain juif, athée et anticonformiste, a déjà réfléchi sur le statut des Juifs en France. Il a écrit et publié au début de l'année 1894 une étude très approfondie sur le sujet : *L'Antisémitisme, son histoire et ses causes.* C'est sans doute la raison qui a poussé

3e Année. — N° 174 | Paris et Départements, le Numéro CINQ Centimes | Samedi 7 Novembre 1896

LA LIBRE PAROLE
ILLUSTRÉE

La France aux Français

RÉDACTION 14, Boulevard Montmartre | Directeur : ÉDOUARD DRUMONT | ADMINISTRATION 14, Boulevard Montmartre

EN FAMILLE

–J'ai débensé de l'archent pour que tu endres à Bolytechnique : mais ne sois pas aussi pète que ce baufre Treyfous, ne te fais pas bincer !

EN FAMILLE : – J'ai débensé de l'archent pour que tu endres à Bolytechnique ; mais ne sois pas aussi pète que ce baufre Treyfus, ne te fais pas bincer !
Dessin anonyme, *La Libre Parole illustrée*, n°174,
7 novembre 1896.

Judas défendu par ses frères.
Dessin anonyme, *La Libre Parole illustrée*, n°175, 14 novembre 1896.

Mathieu Dreyfus à l'approcher et à lui demander de travailler sur les éléments étant entrés en jeu dans la condamnation inique de son frère. L'illustration anonyme du 14 novembre, « Judas défendu par ses frères », représente l'écrivain avec sa barbe et ses habits à carreaux, en train d'échanger des pièces d'or avec un Dreyfus soupçonneux, pendant que leurs congénères manifestent... L'autre raison, c'est que court la rumeur de l'évasion de Dreyfus, annoncée par *The Daily Chronicle*. C'est en fait une fausse nouvelle diffusée par Mathieu Dreyfus lui-même pour qu'on n'oubliât pas le sort de son frère. En Guyane, comme on l'a vu, on ne se désintéressa pas du prisonnier !

Histoire de la Troisième République, racontée par Gyp et illustrée par Bob.
Numéro spécial comprenant 9 pages illustrées par Bob. Couverture du *Rire*, n°106, 14 novembre 1896.

Histoire de la Troisième République.
Bonne galette de France. Dessin de Bob
Le Rire, n°106, 14 novembre 1896.

En 1897, Bernard Lazare, disposant d'éléments nouveaux, publie chez Stock un second mémoire, *Une erreur judiciaire : l'affaire Dreyfus*, qui est très vite oublié vu la pléthore d'événements qui ne vont pas tarder à se produire en 1898 et 1899. L'oubli dont Bernard Lazare sera alors victime l'incitera à écrire une lettre ouverte à Ludovic Trarieux, président de la Ligue des droits de l'homme, dans *L'Aurore* du 7 juin 1899, au moment où Dreyfus, quittant la Guyane, entamera sur le *Sfax* son voyage de retour :

« Je veux qu'on dise que le premier j'ai parlé, que le premier qui se leva pour le Juif martyr fut un Juif, un Juif qui a souffert dans son sang et dans sa chair les souffrances que supporta l'innocent, un Juif qui savait à quel peuple de parias, de déshérités, de malheureux, il appartenait, et qui puisa dans cette conscience la volonté de combattre pour la justice et pour la vérité. »

En réponse à la première brochure de Bernard Lazare, *Le Rire* avait fait paraître l'un de ses tout premiers numéros spéciaux, consacré à « L'Histoire de la Troisième République ». Elle était « illustrée par Bob et racontée par Gyp », deux pseudonymes derrière lesquels se cachait Sybille, comtesse de Martel de Janville, descendante de la famille de Mirabeau, écrivaine, dessinatrice, et de surcroît monarchiste, antisémite et anti-dreyfusarde notoire. Dans ce numéro, au dessin volontairement enfantin, l'aristocrate nationaliste dénonçait à la fois le régime républicain et une France pervertie par les Juifs, et ceci depuis le premier acte de ce régime honni qui avait naturalisé les « Juifs-sauterelles d'Algérie ». « Ah ! Si Drumont n'était pas là ! Quelle noce on ferait », murmurent devant le matou vigilant les gros rats juifs qui grignotent la galette de France.

En réponse à Bernard Lazare,* Le Rire *publie un numéro spécial dénonçant une Troisième République qui a naturalisé les « Juifs-sauterelles d'Algérie ».

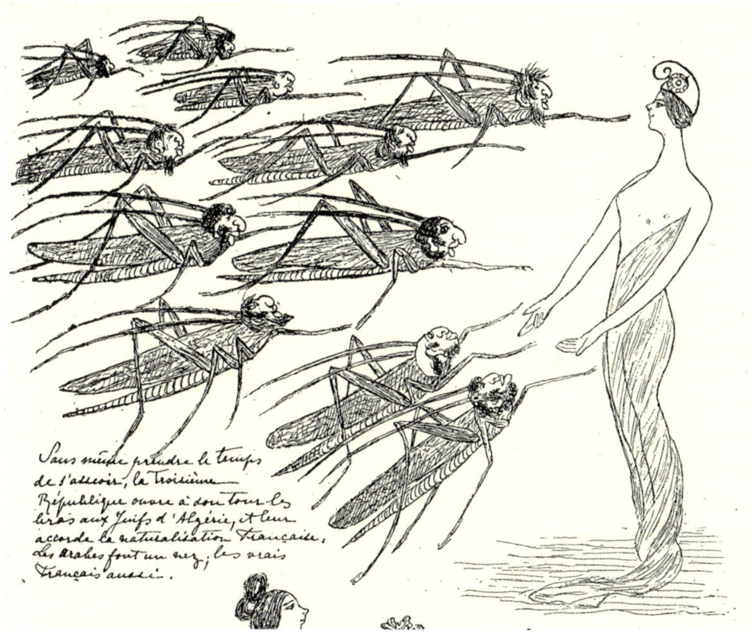

Histoire de la Troisième République.
Dessin de Bob,
Le Rire, n°106,
14 novembre 1896.
La nouvelle République ouvre les bras aux Juifs d'Algérie et leur accorde la naturalisation française...

Histoire de la Troisième République.
Dessin de Bob, *Le Rire*, n°106, 14 novembre 1896.
Les différents présidents de 1871 à 1896 : Adolphe Thiers (1871-1873), le maréchal de Mac–Mahon (1873-1879), Jules Grévy (1879–1887), Sadi Carnot (1887-1894), Casimir-Périer (1894) et Félix Faure (1894-1899). En bref, quatre présidents démissionnés, un autre assassiné et Félix Faure qui allait mourir avant la fin de son mandat.

LA VÉRITÉ.
– Finira-t-on par la faire sortir ?
Dessin de Pépin, *Le Grelot*, n°1393, 19 décembre 1897

Le lieutenant-colonel Picquart est devenu le chef du service de renseignements, au départ du colonel Sandherr, atteint de paralysie générale. Cet officier d'État-Major, a été mêlé depuis les premières heures à l'affaire Dreyfus : c'est lui qui a reçu dans son bureau le capitaine Dreyfus lors son arrestation en octobre 1894, c'est lui qui a assisté la même année à son procès à huis clos pour en rendre compte au ministre de la Guerre. Dans ses nouvelles fonctions, en juiller 1896, il a eu l'occasion de constater que l'écriture du fameux bordereau était celle d'un officier à la moralité douteuse, le commandant Esterhazy. Il a immédiatement prévenu ses chefs de ce fait nouveau qui innocente Dreyfus, mais ceux-ci n'ont rien voulu entendre. Sous le sceau du secret, il s'est confié à son ami avocat, MaîtreLeblois, Alsacien

ENCORE DREYFUS.
De grâce ! M. Scheurer-Kestner, débinez-nous votre truc et que ça finisse !...
Dessin de Pépin, *Le Grelot*, n°1388, 14 novembre 1897.

Scheurer-Kestner, vice-président du Sénat et le lieutenant-colonel Picquart, au départ isolés et prisonniers de leurs promesses, poussés par leur conscience, commencent à parler de leurs soupçons et nomment explicitement le coupable...

comme lui, qui à son tour a averti confidentiellement le vice-président du Sénat, Auguste Scheurer-Kestner, un ancien député du Haut-Rhin, qui ne voulait pas révéler ses sources. Ce sont ces demi-révélations dont se moquent *Le Grelot,* et *Le Rire,* lequel fait suivre le portrait-charge du sénateur par ce quatrain interrogateur :

Que nous réservera la fin de ce fracas ?
Dreyfus est-il Judas ? Scheurer est-il Gribouille
Kestner est-il Voltaire et Dreyfus un Calas ?
On attend le secret de l'auteur de Pot-Bouille.

L'identité du véritable coupable sera enfin révélée et la vérité du *Grelot*, aidée par Zola, Scheurer-Kestner, Picquart et Jaurès, pourra commencer, timidement et provisoirement, à sortir de son puits, malgré les efforts contraires de Drumont et Rochefort munis de leurs éteignoirs que sont leurs journaux *La Libre Parole* et *L'Intransigeant.*

Porteur d'un secret dangereux pour ses supérieurs hiérarchiques compromis, Picquart sera éloigné de Paris, envoyé en mission d'inspection dans l'Est de la France, puis en Tunisie, et finalement mis en réforme et emprisonné à Paris pendant plus d'un an. Scheurer-Kestner cherchera sans relâche à convaincre généraux, responsables politiques, dont Félix Faure, le président de la République, de l'innocence de Dreyfus. Il sera alors l'objet de campagnes de presse féroces. Il ne sera pas réélu à la vice-présidence du Sénat et sera lâché par ses amis. Atteint d'un cancer, il mourra le jour même où Dreyfus sera gracié par Émile Loubet, le nouveau président.

Scheurer Kestner, ou un crâne sous une tempête.
Dessin de Charles Léandre, *Le Rire*, n°163, 18 décembre 1897.

N° 163. 4e année. 18 Décembre 1897. 15 centimes

Le Rire

JOURNAL HUMORISTIQUE PARAISSANT LE SAMEDI

10, rue Saint-Joseph, 10
PARIS

LE GOTHA DU « RIRE ». — N° III. M. SCHEURER-KESTNER, ou un crâne sous une tempête.

Que nous réservera la fin de ce fracas ?
Dreyfus est-il Judas ? Scheurer est-il Gribouille ?
Kestner est-il Voltaire et Dreyfus un Calas ?
On attend le secret de l'auteur de *Pot-Bouille*.

Dessin de C. Léandre.

L'énigmatique Picquart et le sympathique Esterhazy.
Dessin de Charles Léandre, *Le Rire*, n°195, 30 juillet 1898.

Le général de Pellieux et le commandant Esterhazy.
Dessin d'Henri Meyer, *Le Petit Journal illustré*, n°370, 19 décembre 1897.

LE COMMANDANT ESTERHAZY ACCLAMÉ PAR LE CONSEIL DE GUERRE. Lecture du jugement.
Photographie, *Le Petit Journal illustré*, n°375, 23 janvier 1898.

... ce qui permet à Mathieu Dreyfus d'accuser nommément le commandant Esterhazy, qui sera néanmoins acquitté triomphalement après un procès à huis clos.

L'AGITATION ANTISÉMITE À PARIS. À Montmartre, Mathieu Dreyfus est brûlé en effigie par des jeunes gens.
Dessin anonyme, *Le Pèlerin*, n°1099, 23 janvier 1898.

En novembre 1897, Mathieu Dreyfus adresse une plainte au ministre de la Guerre, dans laquelle il accuse nommément le commandant Esterhazy d'être le véritable auteur du bordereau. Dans l'enquête préliminaire confiée au général de Pellieux, celui-ci déclare finalement qu'en son âme et conscience Esterhazy ne lui semble pas en cause. Sous la pression des dreyfusards, Esterhazy est malgré tout traduit le mois suivant devant le conseil de guerre de Paris, dont le procès, lui aussi, se déroule à huis clos.

L'accusé est acquitté triomphalement, alors que Picquart est condamné à soixante jours de forteresse pour divulgation de secrets d'État. Mathieu Dreyfus, lui, est brûlé en effigie à Montmartre par une bande d'étudiants. *Le Petit Journal* jubile.

« Le frère de l'abominable traître, lit-on dans le commentaire de ses gravures, n'a pas craint de publier dans les journaux une lettre dans laquelle formellement, nettement, il accuse un commandant de l'armée française, chevalier de la Légion d'honneur, d'être un

UNE FRIPOUILLE. Le seul conseil de guerre dont il soit justifiable.
Dessin de Pépin, *Le Grelot*, n°1392, 12 décembre 1897.

traître comme son frère. Les défenseurs du misérable habitant de l'île du Diable ont cherché à égarer l'opinion ; ils ont parlé du bordereau, du fameux bordereau qui ne serait point de l'écriture de Dreyfus. Et quand serait-ce ? Ne sait-on pas que le traître a été condamné sur quatorze preuves plus concluantes que celles qui résultaient du bordereau... » Avec ses images anodines, et ses commentaires mensongers, où l'on reconnaît la manière d'Ernest Judet, responsable politique du quotidien, *Le Petit Journal* manipule sans vergogne ses lecteurs populaires.

Reprenant les pincettes utilisées par *La Libre Parole illustrée* en 1894 pour jeter Dreyfus dans le caniveau, Pépin, à contre courant maintenant, laisse tomber Esterhazy dans l'eau noirâtre des égouts de Bondy, et livre au public un spécimen des lettres scandaleuses écrites par l'officier félon à sa maîtresse.

En surimpression : Caricature de Zola par Caran d'Ache *Psst...!*, n°5, 5 mars 1898.

«J'ACCUSE ! ». Lettre au président de la République par Émile Zola. *L'Aurore*, n°87, 13 janvier 1898.

Dans sa lettre lumineuse, Zola n'épargne ni l'État-Major, ni la presse : « ... C'est un crime d'égarer l'opinion, d'utiliser pour une besogne de mort cette opinion qu'on a pervertie, jusqu'à la faire délirer... »

LA DERNIÈRE DE ZOLA

Sa Muse familière, qui en a cependant l'habitude, s'aperçoit avec dégoût que chaque fois qu'elle lève le couvercle, ça sent de plus en plus mauvais.

La dernière de Zola. Dessin d'Achille Lemot, *Le Pèlerin*, n°1098, 16 janvier 1898.

LA VÉRITÉ EN MARCHE !
Vive Dreyfus, Vive Zola,
À Bas l'armée !
Dessin de Gyp, qui signe Bob (sic). *Le Rire*, n°185, 21 mai 1898.

Le lendemain de l'acquittement triomphal d'Esterhazy, Zola, en prophète inspiré, écrit sa *Lettre au président de la République*, conscient qu'il n'est plus temps de rechercher un traître – on le connaît maintenant – mais de dénoncer les machinations iniques d'un État-Major capable de couvrir un coupable pour ne pas avoir à reconnaître ses torts et de maintenir en détention – et quelle détention ! – un condamné innocent. Clemenceau lui trouve un titre percutant, « *J'Accuse !* », et l'article paraît dans *L'Aurore* du 13 janvier 1898.

Dans sa lettre lumineuse, Zola n'épargne ni l'État-Major, ni la presse : « ... C'est un crime d'égarer l'opinion, d'utiliser pour une besogne de mort cette opinion qu'on a pervertie, jusqu'à la faire délirer. C'est un crime d'empoisonner les petits et les humbles, d'exaspérer les passions de réaction et d'intolérance, en s'abritant derrière l'odieux antisémitisme [...]. C'est un crime que d'exploiter le patriotisme pour des œuvres de haine... »

Suit l'impressionnante litanie contre les crimes de l'armée : « J'accuse le lieutenant du Paty de Clam, d'avoir été l'ouvrier diabolique de l'erreur judiciaire... », « J'accuse le général Mercier de s'être rendu complice... », « J'accuse le général Billot d'avoir eu entre les mains les preuves certaines de l'innocence de Dreyfus... », « J'accuse le général de Boisdeffre et le général Gonse de s'être rendus complices du même crime, l'un sans doute par passion cléricale, l'autre par esprit de corps, qui fait des bureaux de la guerre l'arche sainte, inattaquable... »

Les journaux satiriques, tels *Psst...!*, *Le Pèlerin* et *Le Rire*, ne peuvent que constater, à leur corps défendant, le dynamisme prodigieux du message révolutionnaire de Zola, dont Jaurès semble le plus ardent porte-parole.

LA DERNIÈRE QUILLE.
– Allons, cher baron,
encore celle-là...
et la partie est à nous.
Dessin de Caran d'Ache,
Psst...!, n°1, 5 février 1898.

Les accusations formulées à l'encontre de l'État-Major, rassemblées et amplifiées par la diffusion du texte incendiaire de Zola ont pris une consistance qui inquiète les partisans inconditionnels de l'armée et des valeurs inaltérables qu'elle incarne à leurs yeux. Le lancement du *Psst...!*, *images par Forain et Caran d'Ache*, avec le concours de la librairie Plon, survient début février 1898, soit moins d'un mois après la publication du « *J'Accuse !* ». La nouvelle publication satirique comporte quatre pages, uniquement illustrées de grandes images légendées, dont le contenu ne laisse aucun doute sur ce lien et donne immédiatement le ton de ce que sera la revue pendant ses quatre-vingt-cinq numéros.

Forain illustre généralement les couvertures avec son style puissant, incisif et dramatique. Il utilise souvent les déformations de langage pour suggérer avec mépris que le Juif est forcément d'origine étrangère, de préférence germanique, et de rappeler implicitement que Zola lui-même, dont le père est Italien, n'est pas un « pur » Français, et aussi que le romancier naturaliste est un spécialiste de la scatologie littéraire.

Caran d'Ache, très amoureux de l'armée et de ses uniformes, est souvent cruel, mais ses compositions gardent toujours, dans leur facture, une dimension humoristique. Son premier dessin, intitulé « la dernière quille », représente le banquier Rothschild, assisté par un officier prussien, sous les traits duquels on peut reconnaître l'attaché militaire allemand von Schwarzkoppen, prenant son élan pour faire tomber - avec sa boule Zola - le petit soldat français, dernier rempart du pays.

Achille Lemot du *Pèlerin*, glorifie l'officier français qui, tout en prêtant serment au Christ, juge avec arrogance les adversaires de l'armée, cette « bande cosmopolite de graphologues d'occasion », ces « avocats sans talent », ces « politiciens hors d'usage et autres mouchards aux gages...»

Pépin dans *Le Grelot*, garde un ton enjoué et distancié, en constatant que ceux qui crient « Vive l'armée ! », sont ceux qui la pratiquent le moins : les bourgeois et les séminaristes dispensés d'une grande partie des obligations militaires auxquelles le peuple est soumis.

L'armée attaquée trouve dans une nouvelle revue, Pstt...!, *des avocats pleins de talent et de haine, Forain et Caran d'Ache, entièrement acquis aux thèses de l'État-Major.*

SEPTICISME
Le sergent : – C'est étonnant comme ces gaillards–là aiment l'armée... en dehors de la caserne.
La foule clame son enthousiasme, soutenue par Drumont, Rochefort et Esterhazy, au balcon. Dessin de Pépin, *Le Grelot*, n°1401, 13 février 1898.

Militaire prêtant serment devant un crucifix lors du procès de Zola, qui a débuté le 3 février 1898.
Ce sera en fait un véritable réquisitoire contre les adversaires de « l'Arche sainte » réduits à l'état de nabots devant le colosse.
Dessin d'Achille Lemot, *Le Pèlerin*, n°1104, 27 février 1898.

En grève.
Dessin d'Alexandre Steinlen,
La Feuille, n°18,
20 octobre 1898.

En octobre 1897, le libertaire Zo d'Axa lançait *La Feuille*, une publication surprenante ne comportant qu'une seule... feuille : sur son recto était reproduit un dessin à pleine page, non légendé, réalisé le plus souvent par Steinlen et sur son verso était imprimé le texte du journaliste. Le titre du thème abordé chaque semaine était indiqué des deux côtés. Avec l'affaire Dreyfus qui déchirait le pays, l'ancien chasseur d'Afrique, devenu journaliste et écrivain, ne pouvait plus se taire. Il y avait, pour lui, trop à espérer d'une situation politique aussi instable et explosive, où se confrontaient, bien au-delà des faits eux-mêmes, des forces antagonistes puissantes, dont le choc violent pouvait favoriser l'avènement d'une société meilleure.

« Pourtant, comme l'écrira Victor Méric dans son livre *Coulisses et tréteaux*, cette "Feuille" déroutait les esprits. Elle n'était pas dreyfusarde, comme nous l'aurions voulu... Elle se souciait peu de l'innocence du capitaine...»

« Si ce monsieur ne fut pas un traître, écrit en effet Zo d'Axa dans son périodique, il fut capitaine. » C'est à dire un officier comme les autres, chauvin, rigide, implacable peut-être, inconscient, c'est certain, des enjeux de sa propre cause. Certes, les militaires, « ces entretenus de la paix, qui, dans les villes de garnison, préparent mieux le Pernod que la revanche », notre pamphlétaire ne les porte pas dans son cœur. Il les a connus en Afrique. Et quand il parle des bagnes militaires, des conseils de guerre qui n'hésitent pas à fusiller « le petit soldat » insurbordonné (*Feuille* n°4), c'est à son expérience qu'il fait appel.

Zo d'Axa s'engage à fond dans le combat. Il dénonce les machinations militaires et les mensonges de l'État-Major. Il est ravi de servir à « ces Messieurs » le chef d'accusation « d'association de malfaiteurs », au nom duquel bon nombre d'anarchistes ont été condamnés, renvoyant dos à dos l'Armée et la Justive civile (*Feuille* 23).

Le polémiste n'épargne pas les possédants qui écrasent les faibles. *La Feuille* 18, intitulée par Zo d'Axa, « la grève des Juifs », illustrée par Steinlen dans un style sobre et puissant, met en scène le face à face de l'ouvrier et du soldat, abandonnés tous deux par les nantis qui les commandent, qu'ils soient juifs ou chrétiens.

Bien d'autres sujets seront abordés dans ses vingt-cinq numéros, puis le journaliste reprendra sa route solitaire.

Avec La Feuille *et son idéologie libertaire, Zo d'Axa et Steinlen dénoncent les machinations militaires, les mensonges de l'État-Major et renvoient dos à dos la Justice et l'Armée.*

Saluons-les !
La Feuille, n°23, 18 janvier 1899.

Réhabilitation civile et exécution militaire.
Dessin d'Alexandre Steinlen,
La Feuille, n°4, 17 décembre 1897.

GUIGNOL (DÉDIÉ À CLEMENCEAU).
Le Populo : – Une ! deux ! nous nous foutons bien d'eux !!
Dessin signé Georges-Rodolphe, *Le Père Peinard*, n°68, 6 février 1898.

Le dessinateur du *Père Peinard*, le périodique anarchiste qui a repris sa parution après une interruption de deux ans, rend compte dans sa planche, de façon impertinente, du désordre qu'a provoqué dans le camp des « Esterashiens », le brûlot de Zola, lequel brandit sa plume, escorté par Bernard Lazare ou Joseph Reinach. Deux militaires se battent comme des chiffonniers (référence sans doute au duel Henry/Picquart). Le clergé est tiré par le chien de garde Rochefort, patron de *l'Intransigeant*, accompagné par le cochon « Petit Idiot » (*Le Petit Journal*), précédant le général Saussier, gouverneur militaire de Paris, en tenue d'apparat, bientôt à la retraite, monté sur un cheval au crottin lettré. La dame voilée (allusion aux méthodes rocambolesques de l'État-Major) fait face à la dame demi-lumière (allusion aux atermoiements de Picard, Leblois et Scheurer-Kestner). Dominent la scène, l'île du Diable en médaillon, les amours de Félix Faure avec Marianne (allusion aux frasques du président), et le chat-*Figaro*, dont la queue coupée rappelle au quotidien son audace punie.

Le Père Peinard a beau déclarer « qu'il se fout pas mal de l'Affaire Dreyfus », toujours est-il que son dessinateur a mis tout son talent pour en faire une synthèse brillante et amusante.

Suite au « J'Accuse ! » de Zola, Louis Sabattier évoque dans *L'illustration*, les manifestations parisiennes de protestation au cri de « Mort aux Juifs » et Frédéric de Huenen décrit les scènes de pillage des commerces juifs d'Alger.

PARIS DANS LE BROUILLARD.
Les manifestations : « Mort aux Juifs ! »
Dessin de Louis Sabattier,
L'Illustration, n°2865, 22 janvier 1898.

Le dessinateur du* Père Peinard *fait une synthèse brillante et amusante de l'Affaire, contrastant avec les manifestations parisiennes et les scènes de pillage des commerces juifs d'Alger.

LES TROUBLES D'ALGER.
Scènes de pillage à la maison Féraud, boulevard Carnot.
Dessin de Frédéric de Huenen,
L'Illustration, n°2867,
5 février 1898.

PROCÈS ZOLA. Le général Mercier répond aux traquenards de Maître Labori : – Je déclare que Dreyfus était un traître et a été justement condamné.
Dessin anonyme, *Le Pèlerin*, n°1103, 20 février 1898.

Le procès de Zola s'ouvre et se déroule au milieu d'une agitation très vive, souvent même violente...

« Le procès de M. Émile Zola s'est ouvert et déroulé au milieu d'une agitation très vive, souvent même violente », écrit *Le Petit Parisien illustré* du 20 février 1898. Le journal continue :

« À l'intérieur du Palais de Justice, de graves conflits ont eu lieu ; au dehors une foule énorme stationnait, manifestant son opinion par des cris.

« On sait que M. Zola était poursuivi pour avoir, dans une lettre publiée par le Journal *L'Aurore*, déclaré que les juges militaires qui ont condamné l'ex-capitaine Dreyfus et acquitté le commandant Esterhazy avaient accompli un acte criminel, qu'ils avaient violé la légalité.

« M. Émile Zola était défendu par Maître Labori ; celui-ci était soutenu par Maître Albert Clemenceau, frère de l'ancien député.

« Dès la première audience, l'accusation et la défense ont nettement pris position : l'une sur le terrain de la chose jugée, strictement limité à la plainte du ministre de la Guerre ; l'autre sur le terrain de la révision ou de l'annulation du procès de Dreyfus...»

Le journal citait ensuite les témoignages monolithiques des généraux de Boisdeffre, Mercier, Gonse et de Pellieux, tous confirmant sans la moindre hésitation la culpabilité de Dreyfus. Ce fut curieusement le lieutenant-colonel Picquart qui se retrouva bientôt dans la position d'accusé, ses arguments pour prouver la culpabilité d'Esterhazy n'ayant pas été pris en considération...

«... La foule massée devant le palais de Justice a, après chaque audience, à leur sortie du bâtiment, fait des ovations aux officiers venus pour témoigner : – Vive l'armée ! criait-on.

« Malheureusement des incidents tumultueux se sont produits. Quelques cris de "À bas l'armée !" ont retenti. Ce cri a été poussé jusque dans l'enceinte du palais de Justice, et même par quelques avocats ». Au nom du barreau, le bâtonnier a alors présenté ses excuses aux généraux. « La scène a été très émouvante, poursuit le journaliste. Quelqu'un a dit alors : "– Chacun est libre d'avoir son opinion, mais tout le monde doit respecter l'armée. »

LE PROCÈS ÉMILE ZOLA.
La première audience.
Dessin de Louis Sabattier,
L'Illustration, n°2868,
12 février 1898.

Dixième année. — N° 472 | Huit pages : CINQ centimes | Dimanche 20 Février 1898.

Le Petit Parisien

TOUS LES JOURS Le Petit Parisien 5 CENTIMES

SUPPLÉMENT LITTÉRAIRE ILLUSTRÉ

DIRECTION : 18, rue d'Enghien, PARIS

TOUS LES JEUDIS SUPPLÉMENT LITTÉRAIRE 5 CENTIMES

LE PROCÈS DE M. ÉMILE ZOLA
LES OFFICIERS ACCLAMÉS A LEUR SORTIE DU PALAIS-DE-JUSTICE

LE PROCÈS DE M. ÉMILE ZOLA.
Les officiers acclamés à leur sortie du palais de Justice.
Dessin de Tony Beltrand,
Le Petit Parisien illustré, n°472,
20 février 1898.

L'Illustration était sans aucun doute la grande revue illustrée de la Troisième République, représentative de la France républicaine et bourgeoise, qui savait rendre compte rigoureusement, par la photographie et l'image, de tous les événements et péripéties survenant dans le pays et le monde entier. Au début de l'affaire Dreyfus, on nota son ton mesuré dans sa description du condamné et de ses épreuves, qui tranchait avec la violence des propos habituels tenus par tous les journaux convaincus alors de la culpabilité du capitaine. Mais à partir du moment où des doutes commencèrent d'apparaître sur le bien-fondé du verdict de trahison, le magazine, tout en continuant à couvrir par l'image le moindre incident, se réfugia dans le silence ou utilisa des commentaires allusifs du type : « Les journaux en ont parlé...», « des circonstances connues de tout le monde...», « des événements qu'il est superflu de rappeler...», etc., qui lui permettaient de ne jamais aborder le fond des problèmes, de ne pas exposer les thèses en présence, ni même citer les faits eux-mêmes. Ainsi « J'Accuse ! », la lettre de Zola au président de la République, cet acte essentiel qui allait ouvrir la voie de la révision du procès de Dreyfus, ne fut ni commentée, ni même mentionnée dans ses colonnes. Signe de son attachement à la chose jugée et aux valeurs incarnées par l'armée ? ou manifestation d'un savoir-faire subtil pour ne pas mécontenter sa clientèle ? *L'Illustration* répondit indirectement au réquisitoire de Zola par des images fortes destinées à redorer le prestige militaire et à entretenir le mythe de « l'Arche sainte ». La grande manifestation organisée place Vendôme en l'honneur du départ de l'armée du général Saussier, atteint par la limite d'âge, lui en donna l'occasion.

Tous les journaux signalèrent aussi l'incident d'audience au cours du procès de Zola, qui opposa les lieutenants-colonels Picquart et Henry, ce dernier ayant accusé de mensonge son ancien supérieur (alors emprisonné pour avoir tenté de prouver la culpabilité d'Esterhazy). Un duel opposa ensuite les deux officiers, dont Picquart sortit vainqueur au grand dam du *Petit Journal*, qui ne put y voir un signe du ciel.

Le procès Zola continua, qui aboutit à la condamnation de Zola au maximum de la peine, à savoir un an de prison et 3 000 francs d'amende. Ce premier jugement fut cassé et l'affaire revint devant la Cour d'Assises de Versailles, qui finalement appliqua la même sentence. La justice civile, à son tour « aux ordres », ne s'était donc pas honorée en empêchant l'accusé d'aborder pour sa défense les questions gênantes qui justifiaient son réquisitoire. De façon lancinante, lui répondait-on : « la question ne sera pas posée ! » Durant son procès, Zola quitta la France.

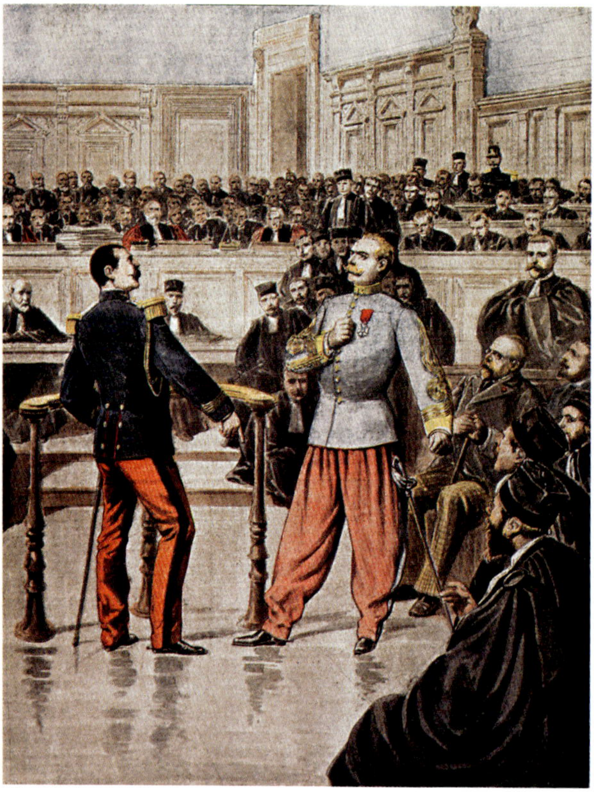

L'AFFAIRE ZOLA. Grave incident d'audience : le colonel Henry (sic) *et le lieutenant-colonel Picquart.* Dessin d'Henri Meyer, *Le Petit Journal illustré*, n°380, 27 février 1898.

L'illustré National

ABONNEMENTS

France, Algérie, Tunisie 2 fr. — 3 fr. 50

Étranger (Union postale) ... 2 fr. 50 — 5 fr.

HUIT Pages : CINQ centimes.

ANNONCES

Pour la Publicité s'adresser

106, Boulevard St Germain

1re Année. N° 6. Dimanche 20 Mars. — Administration : 106, Boulevard St Germain PARIS — Paraît chaque semaine.

LE DUEL ENTRE LES LIEUTENANTS-COLONELS PIC

Le duel entre les lieutenants-colonels Picquart et Henry. Dessin de Louis Tinayre, *L'Illustré National*, n°6, 20 mars 1898.

Arrestation du lieutenant-colonel Picquart. Dessin de F. Meaulle, *Le Petit Journal illustré*, n°376, 30 janvier 1898.

... et aboutit à la condamnation de l'accusé au maximum de la peine. La justice civile ne s'est pas honorée en empêchant Zola d'aborder les questions gênantes qui, pour elle, « ne devaient pas être posées ! ».

LA CORVÉE DE QUARTIER.
– Quel fumier !... Ça pouvait faire tuer 100.000 hommes !
Dessin de Jean-Louis Forain, *Psst...!*, n°4, 26 février 1898.

Très vite, les revues satiriques, semaine après semaine, engagent un dialogue musclé ou nouent parfois des alliances. Dans sa première illustration, Forain représentait un homme engoncé dans un pardessus trop ample, le visage à moitié dissimulé par le col de son vêtement. Seuls étaient visibles quelques traits de sa face : une pommette saillante et un nez fortement proéminent. Le personnage était en train de glisser dans l'une des ouvertures latérales de la guérite militaire des feuilles de papier. Le titre du dessin, « le Pon Badriote », et sa légende

POUR LE ROY.
– Dire que ce fumier là pouvait faire tuer plus de cent mille hommes !
Dessin d'Édouard Couturier, *Le Sifflet*, n°4, 3 mars 1899.

PSST...! COCHER !
– Madame la Comtesse en aura–t–elle assez ?
Dessin d'Adolphe Willette, *Le Courrier Français*, n°1124, 13 février 1898.

LE PON BADRIOTE.
– Ch'accuse ..!
Dessin de Jean-Louis Forain, *Psst...!*, n°1, 5 février 1898.

CEDANT ARMA TOGAE [Que les armes soient soumises à la toge]. *Et on supporte ça ! (impressions d'audience).* Dessin de Jean-Louis Forain, *Psst...!*, n°3, 19 février 1898.

***Ce procès fut le début d'un combat de tous les instants, par dessins interposés, entre les caricaturistes du* Pstt...! *et du* Sifflet.**

(« Ch'accuse...! ») donnait immédiatement la clé de son interprétation : le colporteur juif n'était autre que Zola lui-même.

Quelques jours plus tard, dans *Le Courrier Français* du 13 février, Willette complétait le croquis de Forain en transformant explicitement la guérite en un lieu d'aisance occupé par la comtesse de Martel (*alias* Bob), utilisant le papier à bon escient. Est-ce cette pseudo-parodie qui inspira Ibels, lequel venait de lancer *Le Sifflet*, pour tenter de contrecarrer les charges du *Psst..!* ? Forain avait en effet représenté, à la une de son troisième numéro, un avocat (Maître Labori, sans aucun doute) en train d'envoyer au diable un képi militaire, prouvant ainsi son manque de respect pour l'armée. En réponse, Ibels avait répliqué quelques jours plus tard, en représentant un général ventripotent expédiant dans les airs la balance de la Justice.

Ce fut le début d'un combat de tous les instants, par dessins interposés, entre les caricaturistes des deux périodiques. À la facture puissante et percutante des charges de Forain, souvent chargées de haine, et au style à la fois vindicatif et ironique, parfois trivial, de Caran d'Ache, Ibels et sa petite équipe composée d'Édouard Couturier et de Louis Chevalier, répliquèrent avec esprit et mesure, en trouvant leur inspiration dans l'analyse satirique des faits eux-mêmes et en dénonçant inlassablement les véritables responsabilités des acteurs du drame.

ALLONS-Y ! Et on supporte ça ! (impressions d'audience). Dessin d'Henri-Gabriel Ibels, *Le Sifflet*, n°2, 24 février 1898.

Le trait de Forain est précis, puissant, sans fioriture, efficace. Sa composition très sobre est mise en relief par des hachures veloutées. La qualité graphique et l'intelligence synthétique exprimée par l'artiste, jouant à merveille du symbole, de l'allégorie, des stéréotypes, de l'amalgame et de la mauvaise foi, concourent à l'efficacité émotionnelle du message : il s'agit de maintenir dans le registre passionnel une opinion publique déjà bien malmenée, de l'empêcher d'exercer son esprit critique, en excitant chez elle des réflexes nationalistes, antisémites et xénophobes, pour la convaincre que les « vrais patriotes », les « bons Français » ne peuvent que s'opposer à la révision du procès de Dreyfus.

La première cible de Forain, c'est Zola lui-même. Le dessinateur métamorphose l'écrivain en transfuge, traversant le Rhin pour demander du secours à l'Allemagne en récompense des services qu'il lui a rendus en accusant de forfaiture les chefs de l'armée française, puis il le métamorphose en écrivain scatologique, dont les œuvres pernicieuses peuvent être jetées à l'égout à coups de balai par le soldat de corvée de quartier, en anarchiste, digne émule de Ravachol, en complice de

Au secours... !
Dessin de Jean-Louis Forain,
Psst...!, n°12, 23 avril 1898.

ALLÉGORIE.
L'affaire Dreyfus.
Dessin de Jean-Louis Forain,
Psst...!, n°25, 23 juillet 1898.

PSST...! Images par FORAIN CARAN D'ACHE

PARAISSANT LE SAMEDI

2e Année. — N° 80

12 Sept. 1899.

Le NUMÉRO : 10 centimes.
Abonnements : France, 6 fr. ; Étranger, 8 fr.

BUREAUX
10, rue Garancière, Paris.

Dans les Vosges

— C'est de là-pas que j'esbère la fenchance.

DANS LES VOSGES.
– C'est de là-pas que j'esbère la fenchance.
Dessin de Jean-Louis Forain, *Psst...!*, n°80, 12 septembre 1899.

Les charges mortifères de Forain se font de plus en plus violentes et préfigurent bien des drames à venir...

l'Allemand et du Juif dont il n'est que le masque apparent.

L'inspiration de Forain sera quelque temps troublée quand le commandant Henry se suicidera, après avoir avoué ses activités de faussaire. Ces aveux mettront-ils en échec les thèses du journal ? Provisoirement, car bientôt les charges antisémites du dessinateur redoubleront de violence, mettant de nouveau à l'honneur le complot germano-juif et prophétisant les malheurs qui vont bientôt déferler sur la France. La proximité de l'ouverture du procès de Rennes inspirera aussi à Forain une planche terrible où l'on voit un Juif creusant sa propre tombe dans un champ limité à l'horizon par un vaste cimetière, avec ce simple commentaire : « Comme on fait son lit, on se couche. » Il faudra attendre plusieurs décennies pour voir cette autre prophétie se réaliser.

Comme on fait son lit on se couche.
Dessin de Jean-Louis Forain, *Psst...!*, n°78, 29 juillet 1899.

Le séisme provoqué par l'éditorial de Zola atteint toutes les sphères de la société, jusqu'à l'intimité des foyers français. Le dessin du dîner de famille, mis en scène par Caran d'Ache dans *Le Figaro*, se décompose en deux étapes : dans la première caricature, le groupe familial dîne paisiblement tant que personne n'aborde le sujet qui fâche. Dans la seconde, les membres de la même famille sont en train de s'étriper sauvagement ... car ils en ont parlé.

L'effet sur un trio familial dessiné par Vallotton est moins spectaculaire, mais plus explicite : le père, tournant le dos à sa femme lit *L'Intransigeant*, dont on peut lire la manchette : « L'Agonie... » ; sa jeune femme

En famille.
Dessin de
Félix Vallotton,
Le Cri de Paris, n°55,
13 février 1898.

Le séisme provoqué par le « J'Accuse ! » de Zola atteint toutes les sphères de la société française.

UN DÎNER EN FAMILLE.
– Surtout, ne parlons pas de l'affaire Dreyfus !
– Ils en ont parlé...
Dessin de Caran d'Ache,
Le Figaro, 14 février 1898.

TABLEAU DE L'AMOUR CONJUGAL.
L'affaire Dreyfus-Esterhazy à la Chambre... à coucher.
Dessin de Pépin, *Le Grelot*, n°1399, 30 janvier 1898.

L'AFFAIRE.
- Encore une maison où nous ne dînerons plus.
Dessin de Jean-Louis Forain, *Le Rire*, n°215, 24 décembre 1898.

semble passionnée par la lecture de *L'Aurore* qui titre « LA FRANCE EN RÉVO... », le lecteur, dans les deux cas, complétant chaque titre comme il l'entend. Quand au jeune collégien, dont on ne voit que la manche typique et la main, il tient fermement le journal anarchiste *Le Libertaire*.

Les bourgeois de Forain, rentrant chez eux après une soirée passée chez des amis, avec lesquels ils ont eu une vraisemblable dispute à propos de l'Affaire, décident de ne plus les fréquenter.

Pépin brosse enfin un tableau de l'amour conjugal un peu plus tourmenté, où mari et femme, en désaccord sur l'identité du véritable coupable de l'Affaire, ont une façon particulière d'exprimer leur différend.

Achille Lemot du *Pèlerin*, en cette période de vacances organise la distribution des prix. C'est le diable lui-même qui remet les récompenses dans cette école sans Dieu : à Zola, il décerne le prix d'honneur ; à Clemenceau, le prix de cynisme ; à Bismarck, le prix de fourberie ; au député et journaliste Yves Guyot, le prix de la mauvaise foi ; à Picquart, le prix de duplicité ; à Joseph Reinach, le prix du toupet. D'autres élèves, dont Jaurès, attendent leur tour.

Deux semaines plus tard, dans le même *Pèlerin*, Zola et ses amis sont censés se réjouir d'avoir fait pousser une belle plante, dont la fleur a la tête de Dreyfus, et dont les feuilles s'appellent « athéisme », « démoralisation », « laïcisation », « guerre aux curés », « guerre à Dieu », « guerre à l'église », « anarchie » et « impiété. »

Distribution de prix à l'école sans Dieu. Dessin d'Achille Lemot, *Le Pèlerin*, n°1128, 14 août 1898.

DE L'EAU, DE L'EAU ! Un feu qu'on n'éteindra qu'avec la révision. Dessin de Pépin, *Le Grelot*, n°1427, 14 août 1898.

SITUATION NETTE.
La réaction monarchico-cléricale.
Dessin de Pépin,
Le Grelot, n°1435,
9 octobre 1898.

EXPOSITION D'HORTICULTURE.
– Tout de même, nous avons réussi à faire pousser une belle fleur...
Dessin d'Achille Lemot,
Le Pèlerin, n°1130,
28 août 1898.

Une bataille féroce s'engage entre **Le Pèlerin** ***et*** **Le Grelot** ***mettant en scène chacun, avec une rare précision, les différents acteurs du drame.***

Dans *Le Grelot*, tous les journaux, acquis aux thèses de l'armée, sont présents pour tenter d'éteindre l'incendie qui s'est déclaré au 2e bureau de l'État-Major : *L'Intransigeant, Le Libre Torchon (La Libre Parole), Le Journal, L'Éclair, La Croix, La Patrie, L'Écho Dominicain, Le Jour, Le Petit Idiot (Le Petit Journal)*. Drumont, Rochefort, Judet, les généraux, le président Félix Faure, et bien d'autres, semblent inquiets.

On retrouve les mêmes personnages, regroupés dans le plateau de la balance de Thémis, auxquels se sont joints Déroulède, Millevoye, le général Mercier, le Père Du Lac, le magistrat Quesnay de Beaurepaire et la comtesse de Martel, dite Gyp ou Bob, rattrapée de justesse par Drumont, le pape de l'antisémitisme. Pour Pépin, tous ceux-là ne font pas le poids, face à la Vérité et à la Justice.

28e ANNÉE — No 1.431 FRANCE : 15 CENTIMES 11 Septembre 1898

LE GRELOT

BUREAUX
5, Cité Bergère, 5
PARIS

ABONNEMENTS
FRANCE
Un an........ 8 fr. »
Six mois...... 4 fr. »
Trois mois.... 2 fr. »
15 c. le numéro

PARAIT LE DIMANCHE

ADRESSER
Lettres et Mandats à M. J. MADRE
Administrateur

BUREAUX
5, cité Bergère,
PARIS

ABONNEMENTS
ÉTRANGER
Un an........ 10 fr. »
Six mois...... 5 fr. »
Trois mois.... 2 fr. 50
20 c. le numéro

PARAIT LE DIMANCHE

PUBLICITÉ
Les Annonces sont reçues aux Bureaux du Journal

Voir en tête de la deuxième page les conditions auxquelles on peut recevoir gratuitement le GRELOT

ALLONS-Y !

Temporo nubila.

ALLONS-Y !.. Temporo nubila.
Dessin de Pépin, *Le Grelot* n°1431,
11 septembre 1898.

Des nuages à l'horizon... pour le lieutenant-colonel Henry, mais aussi pour le général Mercier qui le suit.

Cavaignac, le nouveau ministre de la Guerre, révélant l'existence d'un dossier secret, ouvre la boîte de Pandore, qui conduira à la révision, et indirectement aux aveux du lieutenant-colonel Henry.

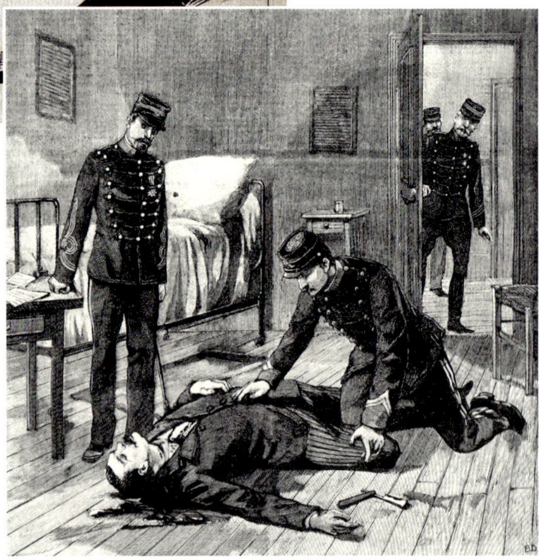

Le suicide du colonel Henry.
Dessin de PB (Paul Balluriau).
Le Petit Parisien illustré, n°501,
11 septembre 1898.

« Allons-y !... Feu !... »
Dessin de Caran d'Ache, *Psst...!*, n°32, 10 septembre 1898.

Le président du Conseil va-t-il soutenir la révision ?

GARE À LA BOMBE !
Marianne : – Elle éclatera, malgré ton vieux flair d'artilleur tu l'as trop chargée de sulfate de faux !
Dessin d'H.-G. Ibels, *Le Sifflet*, n°33, 15 septembre 1898.

Ce message de prudence s'adresse au général Mercier qui tente de l'éteindre.

LA RÉVISION
– La Révision !... Soit... Mais avec le poteau d'exécution et les douze balles, cette fois.
Dessin de Caran d'Ache, *Psst... !*, n°31, 3 septembre 1898

Pour simplifier la situation, le dessinateur envisage l'exécution... de l'innocent.

L'été 1898 est lourd de péripéties. En juin, Henri Brisson forme son nouveau ministère et choisit un civil comme ministre de la Guerre, Godefroy Cavaignac. Le mois suivant, le nouveau venu veut en finir avec l'affaire Dreyfus une bonne fois pour toutes. Il montre à la Chambre les documents prouvant à coup sûr la culpabilité de Dreyfus. Il ouvre ainsi la boîte de Pandore, apportant la preuve de l'existence d'un dossier secret transmis en 1894 aux juges, dont la défense n'a pas eu connaissance. Dans l'immédiat, les députés l'acclament et votent l'affichage de son discours dans toute la France.

Le mois suivant, le capitaine Cuignet, attaché au cabinet de Cavaignac, découvre que le document essentiel, accusant nommément Dreyfus, est un faux fabriqué par le lieutenant-colonel Henry, le chef du service de renseignements, l'accusateur formel de Dreyfus (*Le traître, le voici !*) et du lieutenant-colonel Picquart, son ancien supérieur (*Vous en avez menti !*). Henry reconnaît sa culpabilité devant son ministre et les généraux de Boisdeffre, Gonse et Roget.
Il est incarcéré au Mont-Valérien, où il est trouvé mort, le lendemain, la gorge tranchée avec son propre rasoir. Le général Mouton de Boisdeffre, chef d'État-Major général, puis le ministre de la Guerre Cavaignac démissionnent. Lucie Dreyfus écrit au garde des Sceaux et réclame que soit introduite une demande en révision du procès ayant condamné son mari en 1894. La révision est en marche.

En voulez–vous des aveux ? En voilà !!! Dessin d'Edouard Couturier, *Le Sifflet*, n°19, 9 juin 1898.

POIRES CUITES AU FOUR. Un placement difficile.
Dessin de Pépin, *Le Grelot*, n°1445, 18 décembre 1898.

Depuis 1894, cinq ministres de la Guerre se sont succédé, incapables de répondre aux questions posées...

Devant l'évolution de la situation, les journaux satiriques dreyfusards s'en donnent à cœur joie. Le chroniqueur du *Grelot* en profite pour poser les questions qui gênent : « Pourquoi le lieutenant-colonel Henry s'est-il avisé de commettre ce faux ? Qui lui en a donné l'idée ? Je ne sais pas. Le lieutenant-colonel Henry s'est donné la mort en se coupant la gorge avec un rasoir qu'il avait apporté dans sa valise. Pourquoi lui a-t-on laissé cet ustensile coupant (de plus, le rasoir a été retrouvé fermé...) ? Je ne sais pas. Pourquoi a-t-on laissé à Esterhazy son ruban rouge ? Je ne sais pas. Pourquoi le général de Boisdeffre a-t-il voulu se retirer ? Je ne sais pas. Pourquoi M. Cavaignac a-t-il cru devoir sortir du ministère ? Pourquoi les députés qui ont "coupé" comme un seul homme, restent-ils vissés à leurs sièges législatifs ? Pourquoi ? Parce que... »

Pépin transforme le président Félix Faure en Salome moderne, présentant sur un plateau les têtes des cinq ministres de la Guerre, qui se sont succédé depuis 1894. Couturier obtient dans *Le Sifflet* des aveux complets de la part des officiers de l'État-Major général.

Reprenant la publicité pour la peinture Ripolin, le dessinateur voit les différents ministres de la Guerre cautionner, couche par couche, le mensonge initial.

Ceci couvrira cela.
Dessin d'Edouard Couturier,
Le Sifflet, n°41, 11 novembre 1898.

Ce numéro est accompagné d'un supplément en couleurs, hors texte.

L'ILLUSTRATION

Prix du Numéro : 75 centimes. SAMEDI 18 FÉVRIER 1899 57e Année. — N° 2921

HENRI ROCHEFORT EN ALGÉRIE

H. Rochefort. Mlle H. Rochefort.

Les loisirs à Mustapha Supérieur. — Photographies instantanées de notre envoyé spécial M. L. S.

HENRI ROCHEFORT EN ALGÉRIE.
Les loisirs à Mustapha supérieur.
Photographie de Louis Sabattier, l'envoyé spécial de la revue, *L'Illustration*, n°2921, 18 février 1899.

La mort du président Félix Faure et la nomination d'un gouvernement d'union nationale vont faciliter la marche vers la révision.

AU SALON DES FAMILLES.
– Je crois qu'elle en pince tout de même pour ce gars-là.
Dessin d'Ibels dédié à Louis Sabattier, *Le Sifflet*, n°4, 24 février 1899.

N° 4. — 2e Année. — 24 Février 1899. PARAIT LE VENDREDI Le numéro : 10 centimes

LE SIFFLET

ABONNEMENTS	DIRECTEUR	BUREAUX
UN AN : FRANCE, 6 FRANCS ; ÉTRANGER, 8 FRANCS.	ACHILLE STEENS	10, Galerie du Théâtre-Français. (PALAIS-ROYAL, PARIS.)

Au Salon des Familles

A L. Sabattier.

— Je crois qu'Elle en pince tout de même pour ce gars-là.

DESSIN DE H.-G. IBELS.

Merci !
Dessin de Louis Chevalier, *Le Sifflet*, n°4, 24 février 1899.

Merci.

LE NOUVEAU MINISTÈRE : Ils ne peuvent pas se regarder sans rire !...
Dessin de Pépin, *Le Grelot*, n°1474, 11 juin 1899.

Édouard Drumont a été élu député d'Alger en mai 1898, lors des dernières élections législatives, soutenu par Max Régis, le maire de la ville. Rochefort et sa jeune femme ont décidé de se rendre en Algérie dans cette région acquise à leurs idées. Sur les hauteurs de la cité, la jeune épouse, dans une belle robe blanche, se balance avec élégance devant son mari, quelque peu soucieux, et un Max Régis glorieux, les mains sur les hanches. C'est le dessinateur habituel de *L'Illustration*, photographe à ses heures, Louis Sabattier, qui a pris le cliché.

Quelques jours plus tard, on retrouve une image proche dans *Le Sifflet*. Ibels, toutefois, a transformé la belle épouse en Marianne, vêtue d'une robe de deuil, venant de perdre son mari, le président Félix Faure, trouvé inanimé en galante compagnie, plus rigide dans ses principes que dans sa vie privée. La jeune République n'est pas insensible au charme du nouveau président Émile Loubet ; « – *Merci* », dit-elle à la Mort qui s'éloigne, sa mission accomplie. Le nouveau ministère Waldeck-Rousseau, dit d'union nationale, semble se réjouir du changement et de la constitution de leur équipe qui rassemble les extrêmes, le ministre socialiste Millerand et le général de Galliffet, l'ancien fusilleur de la Commune.

Les dessinateurs, de quelque bord qu'ils se trouvent, utilisent tous les thèmes, symboles, allégories, stéréotypes et archétypes, les détournant au besoin, les exploitant avec un talent à ce jour jamais dépassé...

POUR LA VÉRITÉ.
Le coup de l'étrier.
Dessin de Jean-Louis Forain,
Psst...!, n°24, 16 juillet 1898.

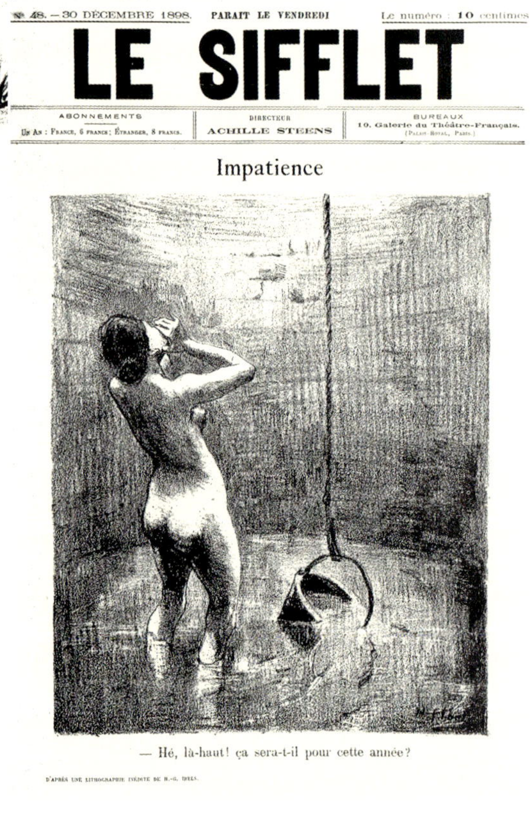

IMPATIENCE.
– Hé, là-haut ! ça sera-t-il pour cette année ?
Dessin d'Henri-Gabriel Ibels,
Le Sifflet, n°48,
30 décembre 1898.

PAR AUTORITÉ DE JUSTICE : – Nous vendons le drapeau.
Dessin de Jean-Louis Forain, *Psst...!*, n°46, 17 décembre 1898.

Hommage au plus hardi. Dessin de Jean-Louis Forain, *Psst...!*, n°71, 10 juin 1899.

Cassation.
Dessin de Jean-Louis Forain, *Psst...!*, n°10, 9 avril 1898.

Tous les caricaturistes exploitent les ressources de leur art. Certains thèmes récurrents apparaissent mais, plus qu'un autre, Forain sait les mettre en valeur et même les détourner de leur signification habituelle

Le thème de la Vérité au fond de son puits, impatiente de voir la lumière salvatrice, mis en scène de façon traditionnelle par Ibels, est détourné par Forain, le puits devenant le réceptacle de la corruption, où le Juif peut déverser son argent sale, pour maintenir au fond prisonnière celle qui attend la délivrance. Pour Forain encore, le drapeau, symbole de la patrie, est mis en vente aux enchères par la Justice, bradé au plus offrant (Joseph Reinach), et, hampe brisée, livré à la cassation.

– Audrevois Monzieu Vorain afait pien du dalen...
Dessin de Jacques Villon,
Le Courrier Français, n°16,
16 avril 1899.

FILLES À SOLDATS. À Forain, ex communard, et au caporal Poiré, dit Caran d'Ache.
Dessin de Maximilien Luce,
Le Père Peinard, n°102, 2 octobre 1898.

Deux dessinateurs qui n'appartiennent pas à l'équipe du *Sifflet*, vont aussi réagir à l'engagement outrancier de Forain et Caran d'Ache, qui développent dans le *Psst...!*, sans aucune réserve, les thèses de l'État-Major. Il s'agit d'abord de Jacques Villon, l'un des principaux collaborateurs du *Courrier Français*, qui regrette le succès passé de Forain, son ancien collègue et ami, en parodiant le langage qu'il a maintenant adopté : « Audrevois Monzieu Vorain afait pien du dalen... »

Maximilien Luce, le dessinateur du *Père Peinard*, fondé en 1889 par Émile Pouget, épingle à son tour Forain et Caran d'Ache, et leur reproche de se prostituer au bénéfice des militaires et du clergé, qu'on aperçoit attablés dans le poste de garde. De façon générale, le journal anarchiste précise régulièrement sa position, notamment dans son n°66 du 23 janvier 1898 : « Soyons nous-mêmes ! » En l'occurrence, la tactique des anarchistes

Le Père Peinard, censé se désintéresser de l'Affaire, ne reste pas indifférent à l'actualité et fait contrepoids à la propagande antisémite de nombreux confrères.

OHÉ, LA BRISSONNASSE ! Qui veut trop prouver, ne prouve rien ! L'affaire Dreyfus. Poêle au cul !
Dessin non signé, attribué à Maximilien Luce, *Le Père Peinard*, n°93, 31 juillet 1898.

LE POPULO. – Poêle au cul !...Poêle au cul !...
Marianne. – Je cherchais un clou pour l'exposition !
Dessin non signé attribué à Maximilien Luce, *Le Père Peinard*, n°113, 18 décembre 1898.

est toute indiquée : laisser les Dreyfusiens et les Esterhasiens se bouffer le lard si ça les amuse et expliquer au populo que nous serions bougrement tartes de fiche notre grain de sel dans pareille trouducuterie. Entre ces deux hordes de fripouilles, nous n'avons pas à prendre parti. Or c'est avec un sacré épatement que j'ai vu *Le Libertaire*, dédaignant cette attitude marcher pour Dreyfus, sous prétexte de protester contre le huis-clos... »

Par ses dessins, toutefois, *Le Père Peinard* ne reste pas indifférent à l'actualité. Dans un style percutant et impertinent, Luce, le dessinateur de la revue – « anonyme » pour défier la censure – stigmatise la façon désordonnée employée par le gouvernement Brisson et Cavaignac, son ministre de la Guerre fier-à-bras, pour gérer une affaire qui a pris une telle place dans la vie publique française. Cinq mois plus tard, il pense qu'il serait temps de mettre au clou, pendant la durée de l'Exposition universelle, la poêle que Marianne traîne derrière elle.

Le parlement avait bien essayé d'empêcher d'aboutir la demande de révision introduite par Lucie Dreyfus, en votant une loi dessaisissant la Chambre criminelle, qui avait mené l'enquête, et en exigeant que l'arrêt fût rendu par l'ensemble des Chambres réunies. Cette entrave juridique n'a fait que retarder la décision attendue : le 3 juin l'arrêt de révision était rendu, la condamnation de 1894 ayant été prononcée illégalement. Dreyfus était renvoyé devant le Conseil de guerre de Rennes.

« Le lundi 5 juin 1899, à midi et demi, écrira Dreyfus, le surveillant-chef vint précipitamment dans ma case et me remit la note m'annonçant l'arrêt de la Cour de cassation..., la levée d'écrou... et l'ordre donné au *Sfax* de venir me chercher à l'île du Diable pour me ramener en France. Ma joie fut immense, indicible. J'échappais enfin au chevalet de torture où j'avais été cloué pendant cinq ans, souffrant le martyre pour les miens, pour mes enfants autant que pour moi-même. Le bonheur succédait à l'effroi des angoisses inexprimées, l'aube de la justice se levait enfin pour moi. Après l'arrêt de la Cour, je croyais que tout allait être fini, qu'il ne s'agissait plus que d'une simple formalité... »

Après un voyage difficile, Dreyfus fut débarqué en pleine nuit dans un canot qui le déposa à Port-Haliguen, puis de là, par calèche, train et de nouveau par calèche, il fut conduit à la prison de Rennes.

Le temps des désillusions commençait : « On comprend quelles avaient été successivement ma surprise, ma stupéfaction, ma tristesse, ma douleur extrême d'un pareil retour dans la patrie [...] Je ne trouvai que des visages anxieux, des précautions minutieuses, un débarquement fou en pleine nuit, des souffrances physiques venant se joindre à ma douleur morale... »

L'AFFAIRE DREYFUS. La cour de cassation, réunie en assemblée plénière, délibère. Photographie gravée sur bois, *L'Illustration*, n°2935, 27 mai 1899.

LE RETOUR DU CAPITAINE DREYFUS. De Port-Haliguen à Quiberon. Croquis d'après nature de Georges Redon, *La Vie illustrée*, n°38, 6 juillet 1899.

Arrivée de Dreyfus à bord du Sfax, devant les îles du Salut. Photographie gravée sur bois, *L'Illustration*, n°2941, 8 juillet 1899

La révision aboutit. Plein d'espérance, Dreyfus rentre en France dans des conditions qui laissent présager les difficultés à venir.

L'AFFAIRE DREYFUS. La prison militaire de Rennes. Dessin d' Oswaldo Tofani, *Le Petit Journal illustré*, n°451, 9 juillet 1899.

Le capitaine Dreyfus sortant du lycée de Rennes après la première audience du Conseil de guerre. Les soldats tournent le dos au prévenu. Photographie, *La Vie illustrée*, n°43, 10 août 1899.

De son histoire, Dreyfus ne savait presque rien : « J'en étais resté à 1894, au bordereau pièce unique du dossier, à la sentence du Conseil de guerre, à l'effroyable parade d'exécution, aux cris de mort d'une foule abusée ; je croyais à la loyauté du général de Boisdeffre, je croyais à un chef de l'État, Félix Faure, tous anxieux de justice et de vérité. Un voile s'était ensuite étendu devant mes yeux, rendu plus impénétrable chaque jour [...] Je venais d'apprendre le nom d'Esterhazy, le faux du lieutenant-colonel Henry, son suicide ; je n'avais eu que des rapports de service avec l'héroïque lieutenant-colonel Picquart.

«... J'appris la longue suite de méfaits, de scélératesses, de crimes constatés contre mon innocence... la superbe lutte entreprise par une poignée d'hommes de grand cœur... Pour moi qui n'avais jamais douté de la justice, quel effondrement de toutes mes croyances ! Mes illusions à l'égard de mes anciens chefs s'envolèrent une à une, mon âme s'emplit de trouble et de douleur. Je fus saisi d'une immense pitié, d'une grande douleur pour cette armée que j'aimais... »

Pendant tout le mois de juillet, Dreyfus se levait entre quatre et cinq heures du matin pour compulser les dossiers des différents procès, « marchant de surprise en surprise devant cet amas formidable d'incidents » et de vilenies. Épuisé, il dut s'aliter, saisi de violents accès de fièvre. Mais il voulait coûte que coûte faire face : grâce à une médication énergique, il put se relever. L'ouverture des débats était fixée au 9 août.

L'AFFAIRE DREYFUS À RENNES.
Protestation de l'accusé à la fin de la déposition du général Mercier.
Dessin de Louis Sabattier,
L'Illustration, n°2947, 19 août 1899.

«... J'appris la longue suite de méfaits, de scélératesses, de crimes constatés contre mon innocence... écrira Dreyfus, *mes illusions à l'égard de mes anciens chefs s'envolèrent une à une, mon âme s'emplit de trouble et de douleur... »*

L'attentat contre Maître Labori, l'un des avocats de Dreyfus.
Dessin d'Eugène Damblans,
Le Petit Journal illustré, n°458, 27 août 1899.
Le coupable ne sera jamais retrouvé.

EN MARCHE POUR LA VÉRITÉ. La consigne est de se taire ! Dessin de Pépin, *Le Grelot*, n°1400, 6 février 1898.

Les témoins militaires se retirant après la clôture des dépositions. Dessin de Louis Sabattier, *L'Illustration*, n°2951, 16 septembre 1899.

Du déroulement de son procès de Rennes, Dreyfus se refusa de parler dans le récit qu'il fit à ses enfants, tant, sans doute, étaient grands son écœurement et sa désespérance : « Je ne raconterai pas ici les débats du procès de Rennes, écrivait-il. Malgré l'évidence la plus manifeste, contre toute justice, toute équité, je fus condamné. Et le verdict fut prononcé avec circonstances atténuantes ! Depuis quand y a-t-il des circonstances atténuantes pour le crime de trahison ? Deux voix cependant se prononcèrent pour moi. Deux consciences furent capables de s'élever au dessus de l'esprit de parti pour ne regarder que le droit humain, la justice, et s'incliner devant un idéal supérieur. »

Maître Labori, remis de sa blessure, avait dû renoncer à plaider, en désaccord complet

Pour protéger l'armée, Dreyfus est condamné une seconde fois... avec circonstances atténuantes !

Maître Demange prononçant sa plaidoirie.
Dessin de Louis Sabattier, *L'Illustration*, n°2951, 16 septembre 1899.

Ce numéro est accompagné d'un supplément de deux pages en couleurs hors texte.

L'ILLUSTRATION

Prix du Numéro : 75 centimes. | SAMEDI 16 SEPTEMBRE 1899 | 57e Année. — N° 2951.

L'AFFAIRE DREYFUS A RENNES. — Le colonel Jouaust lisant l'arrêt du Conseil de guerre. — (Voir l'article, page [illegible])

Le colonel Jouaust lisant l'arrêt du Conseil de guerre.
Dessin de Louis Sabattier, *L'Illustration*, n°2951, 16 septembre 1899.
Le commandant de Bréon et le colonel Jouaust furent les deux seuls juges qui votèrent l'acquittement de Dreyfus.

avec la stratégie de défense préconisée par Maître Demange et la famille du prévenu, soucieux d'épargner l'armée.

Le caractère monolithique de l'État-Major était impressionnant. Il fallait voir, dessinée par Sabattier, la cohorte des généraux et autres officiers se retirant ensemble de la salle d'audience, pour comprendre l'incapacité de ces militaires d'échapper aux contraintes collectives d'une caste considérée comme intouchable. Pépin l'avait fort bien compris quand, au procès d'Esterhazy, il avait croqué les généraux au pas cadencé défilant, la bouche symboliquement fermée par un cadenas, tandis que l'ombre du Ulhan – le véritable traître – dansait à l'horizon.

29e ANNÉE — FRANCE : 15 CENTIMES 13 Août 1899

BUREAUX
5, Cité Bergère, 5
PARIS

ABONNEMENTS
FRANCE
Un an........ 8 fr. »
Six mois....... 4 fr. »
Trois mois.... 2 fr. »
15 c. le numéro

PARAIT LE DIMANCHE

ADRESSER
Lettres et Mandats à M. J. MADRE
Administrateur

LE GRELOT

BUREAUX
5, cité Bergère,
PARIS

ABONNEMENTS
ÉTRANGER
Un an....... 10 fr. »
Six mois...... 5 fr. »
Trois mois..... 2 fr. 50
20 c. le numéro

PARAIT LE DIMANCHE

PUBLICITÉ
Les Annonces sont reçues aux Bureaux du Journal

Voir en tête de la deuxième page les conditions auxquelles on peut recevoir gratuitement le GRELOT

LES ACCUSÉS

C'est lui, toi ou moi !...

LES ACCUSÉS.
– C'est lui, toi ou moi !...
Dessin de Pépin, *Le Grelot*, n°1479, 13 août 1899.
C'est vraisemblablement après ce dessin, évoquant l'hypothèse de la forfaiture du général Mercier, que Pépin sera limogé par la direction de son journal, après plus de vingt-cinq ans de bons et loyaux services.

Pour un chouette canapé, c'est un chouette canapé.
Dessin de Boyer, *Le Libertaire*, n°6, 24 septembre 1899.

Le Libertaire, critiqué par *Le Père Peinard*, pour son engagement en faveur de Dreyfus, représente deux généraux, dont Mercier, reconnaissable à son profil, assis confortablement sur la Justice.

– Ohé ! Brunswick !!! Mais accourez donc vous autres, vous voyez bien que nous n'y arrivons pas.
Dessin d'Émile Gravelle, un ancien collaborateur de *La Libre Parole illustrée* , *Le Grelot*, n°1482, 3 septembre 1899.
La revue a changé radicalement de ton, évoquant avec perfidie une alliance des défenseurs de Dreyfus avec l'Allemagne.

Pour avoir eu raison trop tôt, le dessinateur Pépin est limogé du* Grelot *après vingt-cinq ans de bons et loyaux services.

Mais épargner l'armée, n'était-ce pas risquer de faire condamner Dreyfus de façon certaine ? Pépin l'avait fort bien compris, dès le début du procès de Rennes. Le dessinateur représentait, dans une de ses dernières images, publiée le 13 août 1899, le général Mercier, pris dans des contradictions irréductibles, constatant : « C'est lui, toi ou moi !... » en pointant du doigt Dreyfus, l'innocent-condamné, et Esterhazy, le coupable-acquitté protégé par plusieurs membres de l'État-Major. Chacun était représenté avec son « palmarès » : Esterhazy avec le bordereau qu'il avait sciemment rédigé et ses lettres à madame de Boulancy, Mercier avec son dossier de pièces secrètes illégalement transmis aux juges du procès de 1894 et Dreyfus, sagement assis sur le banc de l'accusation, avec le bordereau qu'il chiffonnait et ne reconnaissait pas pour sien. La conclusion s'imposait au lecteur : l'innocence de Dreyfus entraînerait automatiquement la culpabilité des deux autres protagonistes et amènerait à s'interroger sur les véritables raisons qui avaient poussé le ministre de la Guerre de l'époque à faire condamner Dreyfus...

La conclusion, on la connaît : Mercier, une fois de plus, pesa de toute son autorité pour que les différentes étapes de la conjuration militaire ne fussent pas révélées. Dreyfus fut condamné de nouveau, avec un verdict surréaliste (accusé de trahison « avec circonstances atténuantes ! »). Par contre, aucun historien ne remarqua que Pépin, l'observateur attentif de la vie politique française pendant les trois premières décennies de la Troisième République, qui avait donc suivi toute l'affaire Dreyfus dans son déroulement et changé progressivement d'opinion en analysant les faits eux-mêmes, avait été limogé du jour au lendemain pendant le procès de Rennes, par une direction plus ou moins « conseillée », craignant sans doute que la perspicacité de son dessinateur ne pesât trop sur la décision des juges.

La Feuille s'était repliée en mars 1899, *Le Sifflet* s'était sabordé en juin de la même année, *Le Grelot* lucide et honnête s'effaçait avec le départ de Pépin en août, le *Psst...!* , privé d'adversaires de poids, allait décider d'interrompre sa parution après le verdict de Rennes, qui, encore une fois, lui donnait raison.

Numéro 51 — 6 Octobre 1899

LA VIE ILLUSTRÉE

ALFRED DREYFUS ET SES ENFANTS DANS LE JARDIN DE LA VILLA DE M. VALABRÈGUE

(Photographie prise, à Carpentras, le 27 Septembre 1899, par M. Gerschel.)

Alfred Dreyfus et ses enfants à Carpentras, dans le jardin de la villa de M. Valabrègue, son beau-frère.
Photographie prise par M. Gerschel, le 27 septembre 1899, *La Vie illustrée*, n°51, 6 octobre 1899.

« Je signai mon pourvoi en révision le lendemain de ma condamnation, se rappelait Dreyfus. Je savais ce qui s'était passé lors du conseil de révision de 1894 ; je ne fondais aucun espoir sur ce pourvoi. Mon but était d'aller devant la Cour de cassation pour lui permettre d'achever l'œuvre de justice et de vérité qu'elle avait commencée. Mais je n'en avais alors aucun moyen, car en justice militaire, pour aller devant la Cour de cassation, il faut aux termes de la loi de 1895, avoir un fait nouveau ou la preuve d'un faux témoignage. »

Dreyfus va se trouver dans une situation difficile que nombre de ses partisans ne comprendront jamais. Il devait, soit accepter la grâce présidentielle qu'on lui proposait, et en échange retirer son pourvoi ; soit maintenir son pourvoi, renoncer à la grâce présidentielle et purger sa peine de dix ans de détention. Son frère Mathieu milita pour qu'il acceptât la première solution, vu son état de santé désastreux et la souffrance de sa femme et de ses enfants.

– Père, une histoire.
Le Cri de Paris, n°140, 1er octobre 1899.
Ce dessin de Félix Vallotton, met en scène Dreyfus en train de raconter à ses jeunes enfants, Pierre et Jeanne, âgés réciproquement de huit et six ans, « son long voyage », dont ils ignoraient tout. Pour faciliter ce récit tragique, l'ex-capitaine gracié utilisera une image populaire de 1899, imprimée à Paris, chez Pochy, *Histoire d'un innocent.*

Dreyfus fut gracié par le président Loubet et consentit à retirer son pourvoi, en spécifiant son intention irréductible, de poursuivre la révision légale du verdict de Rennes.

N° 137. — 3e Année

30 Centimes

Le cri de paris

Dimanche 10 Septembre 1899

Dessin de Hermann Paul

Le capitaine Alfred Dreyfus

Le capitaine Alfred Dreyfus.
Dessin d'Hermann-Paul fait à Rennes au cours du procès du capitaine, *Le Cri de Paris*, n°137, 10 septembre 1899.

« Je consentis donc à retirer mon pourvoi mais en spécifiant bien nettement mon intention absolue, irréductible, de poursuivre la révision légale du verdict de Rennes », déclara fermement le condamné.

Le 19 septembre 1899, le président Loubet signait la grâce de Dreyfus. Le 21 septembre, l'ex-capitaine retrouvait sa femme Lucie et ses enfants, Pierre et Jeanne, à Carpentras, dans la demeure de sa sœur Henriette et de son mari Joseph Valabrègue.

MERCIER, CANDIDAT DES CHOUANS.
– Chers délégués, mes titres, les voici.
Dessin de Pépin, *Le Fouet*, n°10, 17 décembre 1899.

– Ce qu'elle est lourde !
Dessin de Félix Vallotton, *Le Cri de Paris*, n°153, 31 décembre 1899.

– Par ici, mon général.
Dessin de Félix Vallotton,
Le Cri de Paris, n°126, 25 juin 1899.

« Notre ami Pépin, l'habile caricaturiste soutenait au *Grelot* le bon combat républicain », lira-t-on dans l'éditorial du *Fouet*, le nouveau périodique lancé en octobre 1899. « On sait avec quelle verve, il attaqua jadis le boulangisme... Ces temps derniers, l'esprit directeur, qui souffle où il veut, changea le son du *Grelot*. Mis en demeure d'employer son crayon au service de la goupille cléricale et du sabre césarien, Pépin refusa tout net... » Dans le numéro de décembre de la nouvelle revue, le dessinateur se gaussait de Mercier, au sinistre passé, qui allait se faire élire sénateur de Loire-Inférieure, avec le soutien de l'Église... et des Chouans.

Très tôt, Vallotton, dans *Le Cri de Paris*, voulait faire emprisonner l'ancien ministre de la Guerre pour le rôle qu'il avait joué dans les récents événements. Quant à Grandjouan, envoyé à Rennes par son journal nantais, *Le Petit Phare*, pour couvrir la fin du procès de Dreyfus, il tenta vainement de s'opposer ensuite à la candidature au Sénat du général en le représentant dans sa première affiche comme le grand responsable de l'affaire Dreyfus. Mercier sera élu. Grandjouan continuera d'insuffler son esprit de révolte, notamment dans *L'Assiette au Beurre*, dont il deviendra le principal dessinateur, et dans ses affiches politiques, genre dont il sera le pionnier.

Pour les dessinateurs Vallotton, Grandjouan et Pépin, la culpabilité du général Auguste Mercier comme chef d'orchestre de l'Affaire, ne faisait aucun doute.

Mercier, futur sénateur de la Loire-Inférieure. Première affiche de Jules Grandjouan, supplément du *Réveil social,* 21 janvier 1900.

On remarque, au premier plan, foulant au sol la tête ensanglantée de Dreyfus, le général Mercier, armé d'un drapeau et d'un crucifix sanguinolents, entouré de ses complices, Édouard Drumont, Jules Guérin, Esterhazy, Paul Déroulède, Quesnay de Beaurepaire, Maurice Barrès, Jules Lemaître, Henri Rochefort, et d'autres.

Le cinquième Acte.

A la fin du procès de Dreyfus, commencèrent à paraître des affiches périodiques, Le Musée des Horreurs, où les personnages, non identifiés avec précision, étaient le plus souvent représentés sous la forme d'animaux. Les représentants du pouvoir exécutif devinrent bientôt des cibles faciles. L'un des premiers à en faire les frais fut le président de la République, Émile Loubet, censé avoir été chassé de l'Élysée par Paul Déroulède, le président de la Ligue des Patriotes, qui, en réalité, avait échoué lamentablement dans sa tentative de coup d'État.
Affiche de V. Lenepveu,
Le Musée des Horreurs, n°31, 17 mai 1900.

Dernière culbute.

Il s'agit de Waldeck-Rousseau transformé en chimpanzé. Cet avocat, ancien député et ministre, sénateur de la Loire, président du Conseil depuis juin 1899 (il le restera juqu'en juin 1902), est supposé avoir été bousculé par le succès de Mercier à la récente élection sénatoriale. En fait, il assurera ses fonctions avec une rare maîtrise, et, tout en maintenant la cohésion gouvernementale, parviendra à faire sortir le pays de la crise.

Affiche de V. Lenepveu,
Le Musée des Horreurs, n°16, 28 janvier 1900

Comment on arrive !!

Il s'agit du général de Galliffet, représenté en loup. Ce ministre de la Guerre n'est pas un ministre fantoche comme les précédents. Il reste toutefois considéré par beaucoup comme « le fusilleur de la Commune ».

Affiche de V. Lenepveu,
Le Musée des Horreurs, n°17, 9 février 1900.

Cette curieuse publication de Lenepveu, natif d'Algérie profondément antisémite, avait pour but de déstabiliser le gouvernement d'union nationale...

Tout par le peuple.

Il s'agit d'Alexandre Millerand, représenté en lièvre. Cet avocat, ancien collaborateur de Clemenceau, député socialiste de Paris, est devenu ministre du Commerce et en a scandalisé beaucoup en acceptant cette charge, car il devait faire équipe avec le général qui avait contribué à étouffer la Commune.

Affiche de V. Lenepveu, *Le Musée des Horreurs*, n°19, 23 février 1900.

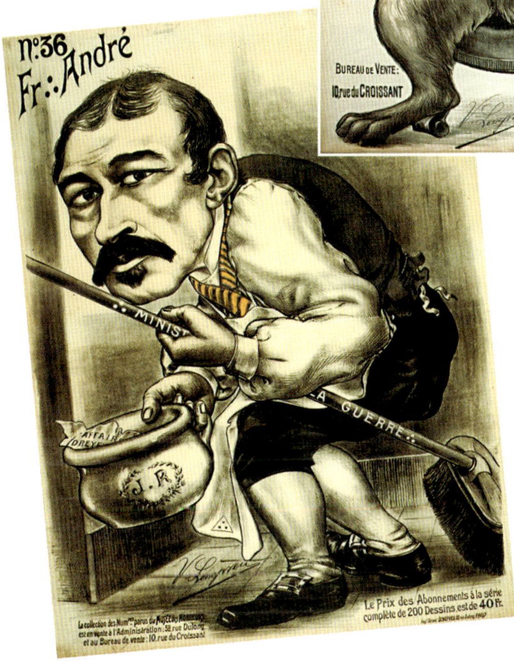

Fr∴ André.

Il s'agit du général Louis André, soupçonné d'être franc-maçon, représenté en valet de chambre. André fut nommé ministre de la Guerre, après la démission du général de Galliffet. Compromis dans le scandale des fiches, il devra démissionner.

Affiche de V. Lenepveu, *Le Musée des Horreurs*, n°36, 26 juin 1900.

Ministre et Traître.

Il s'agit de J. Marie Antoine de Lannessan, médecin, ancien gouverneur général d'Indochine, député de Lyon, ministre de la Marine, représenté en monstre marin.

Affiche de V. Lenepveu, *Le Musée des Horreurs*, n°23, 23 mars 1900.

Georgette.

Il s'agit du lieutenant-colonel Georges Picquart, transformé en dromadaire. Cet ancien chef du Bureau de renseignements a découvert la culpabilité d'Esterhazy. De ce fait, il est emprisonné et exclu de l'armée. Il ne sera réintégré qu'en 1906, nommé général, puis ministre de la Guerre du gouvernement Clemenceau.

Affiche de V. Lenepveu, *Le Musée des Horreurs*, n°8, 8 décembre 1899.

L'Éléphant du Jourdain.

Il s'agit de Jean Jaurès, parlementaire, journaliste à la *Petite République*, très soucieux d'apporter « les preuves » de l'innocence de Dreyfus. Il est représenté ici par dérision en « Éléphant du Jourdain » car le député socialiste a fait baptiser sa fille avec de l'eau de Palestine.

Affiche de V. Lenepveu, *Le Musée des Horreurs*, n°14, 20 janvier 1900.

... et de ridiculiser les différents défenseurs de la cause de Dreyfus, et Dreyfus lui-même.

L'ex-copain de Cornélius Herz.

Il s'agit de Georges Clemenceau, homme politique jadis compromis dans le scandale de Panama, rédacteur en chef de *L'Aurore*, dreyfusard très actif, futur président du Conseil, représenté en hyène.

Affiche de V. Lenepveu, *Le Musée des Horreurs*, n°10, 22 décembre 1899.

À la Niche !!!

Il s'agit de Louis Lépine – ancien gouverneur général d'Algérie, préfet de police et persécuteur subtil de cette série d'affiches subversive – représenté en chien.

Affiche de V. Lenepveu, *Le Musée des Horreurs*, n°3, 27 octobre 1899.

Boule de Juif.

Il s'agit de Joseph Reinach, représenté en singe, tenant dans ses mains le document censé rappeler la culpabilité de Dreyfus. Du fait de sa confession juive, ce député, très engagé dans sa lutte en faveur de Dreyfus, sera la cible privilégiée des caricaturistes nationalistes et antisémites. D'autres affiches odieuses, prenant pour cibles les Juifs, et principalement la famille Rothschild, participeront à cette tentative de déstabilisation des institutions françaises.

Affiche de V. Lenepveu, *Le Musée des Horreurs*, n°1, 1899.

Il n'est pas Protestant.

Il s'agit de Ludovic Trarieux, de confession protestante, représenté en oie. Ce bâtonnier de Bordeaux, député, sénateur de Gironde, ancien garde des Sceaux, est devenu le premier président de la Ligue des droits de l'homme.

Affiche de V. Lenepveu, *Le Musée des Horreurs*, n°18, 19 février 1900.

Le Traître.

Alfred Dreyfus est représenté en dragon transpercé par le glaive de l'Armée. En effet, il a été condamné par deux fois en 1894 et 1899 par deux conseils de guerre manipulés ; il a subi plus de quatre ans de bagne avec un régime d'isolation et de brimades inhumaines. Certes, il a été gracié à son corps défendant par le président de la République, mais ses amis se diviseront à cause de cette mesure. Il en sera meurtri mais il restera tendu vers un unique but : retrouver son honneur de militaire français qui n'a jamais failli, pour l'amour qu'il porte à sa famille, à ses amis et à sa patrie. Il lui restera encore sept longues années à attendre pour que justice lui soit rendue.

Affiche de V. Lenepveu,
Le Musée des Horreurs, n°6, 25 novembre 1899.

Amnistie populaire !
Dreyfus supplicié.

Le condamné de Rennes était hostile, lui aussi, à la loi d'amnistie, qui mit définitivement hors de cause ses accusateurs et ses bourreaux.

Affiche de V. Lenepveu,
Le Musée des Horreurs,
n°35, 20 juin 1900.

Dreyfus fut vilipendé par Lenepveu, mais ses accusateurs, à leur tour, furent portraiturés avec sévérité et ironie par Léandre.

Édouard Drumont. Le repas de l'ogre.

Directeur de *La Libre Parole* et de son supplément illustré, député d'Alger, auteur de *La France juive*, qui a semé une idéologie de haine propice au déclenchement de l'affaire Dreyfus.

Dessin de Charles Léandre,
Le Rire, n°174, 5 mars 1898.

Paul Déroulède, émule de Cervantès
... ou Don Quichotte à la conquête de l'Élysée.

Pour cette tentative fantasque, Déroulède écopera de dix ans de bannissement ! La première exigence de son « Parti républicain plébiscitaire » était l'élection du président de la République du peuple, par et pour le peuple...

Dessin de Charles Léandre,
Le Rire, n° 232, 15 avril 1899

Henri Rochefort et sa Patronne la bonne Sainte Pélagie.

(Du nom de la prison qu'il a maintes fois fréquentée). Rochefort était un redoutable polémiste, rédacteur en chef de *L'Intransigeant*, ancien opposant de l'Empire, communard, banni, évadé de la Nouvelle-Calédonie, devenu un nationaliste et un antidreyfusard farouche.

Dessin de Charles Léandre
Le Rire, n°177, 26 mars 1898.

Trois têtes sous un même bonnet... à poil.

L'écrivain Maurice Barrès, le poète François Coppée et le critique Jules Lemaître rassemblés sous le bonnet de la Ligue de la patrie française, dont l'antisémitisme sera une arme de combat : « *Que Dreyfus est capable de trahir*, osera écrire le premier, *je le conclus de sa race.* »

Dessin de Charles Léandre
Le Rire, n°229, 25 mars 1899.

Toute sa vie,
à cause de son
engagement
littéraire,
puis politique,
Zola a été
la cible des
caricaturistes.

ZOLA ET LA POSTÉRITÉ.
L'impartiale Histoire :
– Tu peux te fouiller pour ta rue !...
Dessin de Caran d'Ache,
Psst...!, n°12, 23 avril 1898.

Allusion détournée quant à l'échec répété de sa candidature à l'Académie française.

N° 159. 4e année. 20 Novembre 1897.

15 centimes.

Le Rire

JOURNAL HUMORISTIQUE PARAISSANT LE SAMEDI

10, rue Saint-Joseph, 10
PARIS

EMILE ZOLA

LE GOTHA DU « RIRE » — N° I

C. Léandre

— Enfin! M. Zola arrive au bout de son rouleau en mettant au monde *Paris!* Le père et l'enfant se portent bien tout de même

Dessin de C. Léandre

ÉMILE ZOLA.
– Enfin ! M. Zola arrive au bout de son rouleau en mettant au monde Paris ! Le père et l'enfant se portent bien tout de même.
Dessin de Charles Léandre,
Le Rire, n°159, 20 novembre 1897.

La mort du prophète. Émile Zola, l'un des grands acteurs de l'affaire Dreyfus, « a été trouvé mort, lundi 29 septembre 1902, dans son hôtel de la rue de Bruxelles », comme l'indiquait *L'Illustration* du 4 octobre. L'écrivain avait succombé à une asphyxie « accidentelle », sa cheminée n'ayant pas fonctionné normalement...

« L'ex-capitaine, précisait la revue, après avoir exprimé son intention d'assister aux obsèques, devait y renoncer, déférant aux instances de la veuve, qui redoutait des manifestations hostiles, mais, tout à fait au dernier moment, une détermination différente avait prévalu, d'un commun accord, et le public ne connut la présence de M. Alfred Dreyfus, qu'à l'issue de la cérémonie où il avait pu passer presque inaperçu... (E.F.) »

Sur le corbillard, toutefois, une couronne de fleurs avait été remarquée, vu son inscription : « Alfred Dreyfus, en témoignage de sa reconnaissance et de son affection. »

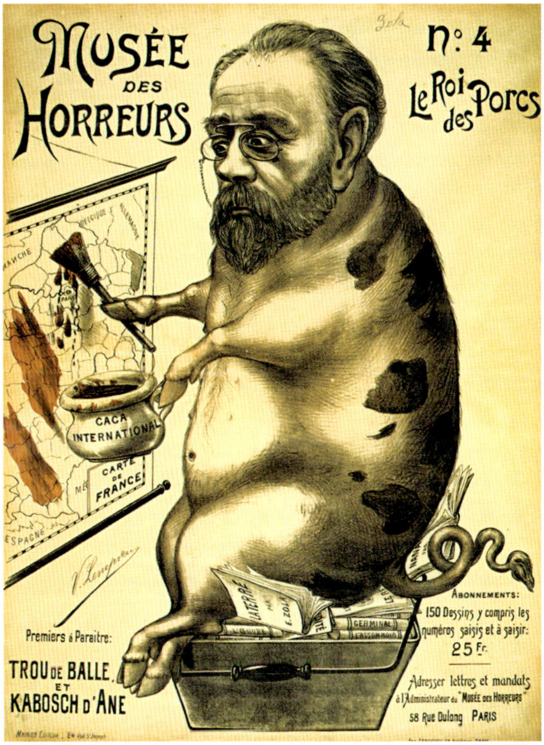

Le Roi des Porcs.
Affiche de V. Lenepveu, *Le Musée des Horreurs*, n°4, 3 novembre 1899.
Il s'agit d'Émile Zola, assis sur une boîte à ordures contenant ses œuvres, en train de barbouiller d'excréments une carte de France.

Les intellectuels et leur maître à tous... Zola.
Dessin de Fertom, *Le Pilori*, n°621, 13 mars 1898.

Le 12 juillet 1906, après une longue enquête, les trois Chambres réunies, Chambre des Requêtes, Chambre civile et Chambre criminelle, cassent sans renvoi le verdict de Rennes et réhabilitent Dreyfus. Le président Ballot-Beaupré donne ensuite lecture pendant plus d'une heure des attendus justifiant cet arrêt. Le lendemain, la loi du 13 juillet réintègre dans l'armée l'ex-capitaine, promu au grade de chef d'escadron et Picquart à celui de général de brigade. Le samedi après-midi 21 juillet, Alfred Dreyfus est décoré de la Légion d'honneur, dans la cour d'artillerie de l'École militaire, proche de la cour d'honneur où il a été dégradé et avili sous les huées de l'armée et de la foule.
Cette cérémonie officielle et somme toute discrète, il l'attendait de tous ses vœux depuis tant d'années, tant de discussions avec ses amis qui désespéraient de sa prudence. En ce jour de réparation, il est heureux et oublie comme toujours le détail de ses souffrances et de ses angoisses, comme si, le cauchemar vécu, il pouvait comme par miracle ne plus jamais le revivre...

Des interrogations lui traversent tout à coup l'esprit : Pourquoi a-t-il été le seul officier français, – alors qu'il y en eut bien d'autres à trahir leur patrie –, à subir un tel déshonneur, une telle humiliation, avec une mise en scène théâtrale aussi grandiose, un public aussi nombreux, une couverture de presse aussi abondante ? Fallait-il que l'énormité du spectacle soit la seule preuve de sa culpabilité ? Pour quelles raisons cette calamité est-elle tombée sur lui ? Son origine juive ? Sa personnalité fière et peu accessible ? Son intelligence trop vive et sa vie relationnelle trop étriquée ? Son entrée téméraire dans un État-Major général hostile sans appuis personnels ? Qui tira bénéfice de la forfaiture dont il fut victime ? Un nom, des noms lui vinrent à l'esprit qu'il enfouit bien vite, comme ses autres réponses, dans les profondeurs d'une vie intérieure, peuplée des fantômes de ses nuits d'insomnie.

DREYFUS À REINACH :
– Nous avions plus de monde le jour de ma dégradation.
Dessin de Jean-Louis Forain, *Le Pompon*, n°62, 26 avril 1902.

Forain n'a rien perdu de sa verve ni de sa méchanceté !

Il bavarde avec le général Gillain, qui l'a décoré et le commandant Targe, lui-même promu officier de la Légion d'honneur, qui a travaillé sur toutes les pièces de son dossier, il embrasse Lucie, sa chère femme, à qui il doit d'être là, et ses jeunes enfants Pierre et Jeanne, puis serre dans ses bras son frère Mathieu, si dévoué à sa cause. Alors, soulagé, épuisé par tant d'émotions, il se prépare à quitter les feux de l'actualité.

Cette réhabilitation, il l'attendait depuis douze ans...

Le commandant Dreyfus décoré sur le front des troupes à l'École militaire, le 21 juillet 1906. Photographie, *La Vie illustrée*, n°406, 27 juillet 1906.

Toutefois, il apprendra bientôt que l'équivalent de son temps de détention à l'île du Diable ne serait pas pris en considération dans sa reconstitution de carrière, lui barrant ainsi l'accès aux grades élevés d'officier supérieur qu'auraient normalement dû lui permettre sa formation initiale, sa carrière antérieure et son ancienneté réelle.

Après la cérémonie du 21 juillet, à l'École militaire. « Les nouveaux décorés (le commandant Dreyfus et le commandant Targe) et le général Gillain, causent dans la cour d'artillerie de l'École militaire. » Photographie, *La Vie illustrée*, n°406, 27 juillet 1906.

... Mais son innocence sera toujours contestée par les forces obscures !

Lui... À l'occasion du transfert des cendres de Zola au Panthéon, d'Ostoya prévoit la présence de Dreyfus en uniforme à cette cérémonie. Le dessinateur s'est inspiré de la photographie prise en 1906, mais depuis, le chef d'escadron nouvellement promu a fait valoir ses droits à la retraite, vu les mesures administratives iniques qui lui étaient appliquées, et repris ses habits civils.

L'Assiette au Beurre, n°374, 30 mai 1908.

Nana au Panthéon. À l'occasion de ce transfert, Paul Iribe célèbre de façon spirituelle la consécration de l'écrivain naturaliste si souvent vilipendé... et rejeté par l'Académie française ! *Le Témoin,* n°15, 12 avril 1908.

Zola au Panthéon. Numéro spécial conçu avant la cérémonie par Georges d'Ostoya, *L'Assiette au Beurre,* n°374, 30 mai 1908. Dans ces seize pages, l'artiste s'est amusé à imaginer la longue cohorte des officiels participant à cette cérémonie en hommage à Zola : militaires, magistrats, académiciens, responsables politiques ... ses adversaires d'hier.

Attentat contre Dreyfus lors de la translation des cendres de Zola au Panthéon le 4 juin 1908.
« ... Blessé, le commandant Dreyfus, en chapeau haut de forme, au centre du groupe et le poignet soutenu par le docteur Pozzi, est accompagné à la mairie du Panthéon pour un premier pansement... » *L'Illustration*, supplément du n°3406, 6 juin 1908.

La vérité sur l'assassinat de Dreyfus. Dessin de Paul Iribe rendant Clemenceau responsable de l'attentat subi par Dreyfus. Édition spéciale du *Témoin*, juin 1908.

Au début de l'année 1908, les députés ont voté la translation des cendres de Zola au Panthéon, en signe de reconnaissance des services rendus à la patrie par l'écrivain. Les journaux satiriques, tels *L'Assiette au Beurre* par un numéro spécial, et *Le Témoin* avec son impertinente « Nana au Panthéon », anticipent l'événement de façon piquante. Le 4 juin 1908, tous les corps constitués sont présents, des personnages de marque, et surtout les anciens dreyfusards, tels le général Picquart, Georges Clemenceau, Jean Jaurès... et Dreyfus. Au cours de la cérémonie, Grégori, journaliste à *La France militaire* et au *Gaulois*, en proie à une haine des Juifs inextinguible, tire deux coups de feu sur Dreyfus. Celui-ci, heureusement blessé sans gravité au bras, est pris en charge par ses amis. En septembre de la même année, son agresseur passe en jugement et est acquitté par la Cour d'assises de la Seine, sous le prétexte fallacieux qu'il n'avait pas tiré sur la personne de Dreyfus mais sur le dreyfusisme ! Son geste, Gregori le décrit d'ailleurs avec emphase comme « la révision de la révision ».

Cet acquittement scandaleux, prononcé par un jury populaire, est un camouflet pour la justice elle-même, qui, au-delà de la tentative criminelle curieusement escamotée, voit indirectement mis en cause l'un de ses arrêts solennels.

Dans le tract du *Témoin*, au ton polémique, diffusé au lendemain de cet attentat, Paul Iribe exprime sa réprobation en accusant Clemenceau et le général Picquart de couardise pour n'avoir pas été capables de faire sanctionner en temps voulu les vrais coupables de l'Affaire. Ce qui est sans doute injuste, car à l'époque, ces dreyfusards convaincus n'étaient pas au pouvoir, mais révélateur : la loi d'amnistie du 27 décembre 1900 a peut-être apaisé provisoirement le pays et évité certains procès en cours, mais l'absence de clarification dans les véritables responsabilités et l'impunité qui les a couvertes ne vont pas manquer de faciliter ultérieurement de graves désordres dans la société française.

ÉPILOGUE

UNE LEÇON D'HISTOIRE

Leur patrie. Dessin d'A. Esnault, *La Libre Parole illustrée,* n°16, 23 octobre 1893.

Notre expédition à travers la presse illustrée française pendant l'affaire Dreyfus se termine. Que de chemins de traverse volontairement ignorés pour tenter de rester sur la piste principale ! Que de fleurs attirantes ou vénéneuses abandonnées sur le bord du chemin, la brassée d'images et de textes récoltés étant déjà trop abondante !

Laissons maintenant Alfred Dreyfus quitter les feux de l'actualité et retourner à sa vie familiale simple et discrète, ponctuée d'épreuves de santé qui lui rappelleront en permanence un passé inscrit dans sa chair. Dreyfus ne sortira de l'anonymat qu'un court moment pendant la Grande Guerre, quand on l'autorisera à servir de nouveau son pays. Son décès, en pleine affaire Stavisky, passa pratiquement inaperçu, comme celui de son épouse Lucie Dreyfus, dix ans plus tard, à la fin de la seconde guerre mondiale, et des terribles drames engendrés par ce conflit.

La mort à Auschwitz de leur petite-fille Madeleine, l'enfant de leur fille Jeanne, et de leur gendre Pierre-Paul Lévy, pour faits de résistance, me bouleversa, ainsi que la volonté tacite de ses proches de tenir cachée cette nouvelle blessure familiale. Je souhaitai en savoir davantage. L'étude de Michael Burns sur *La Famille Dreyfus* me donna une partie des réponses souhaitées. Madeleine se mit à revivre, « jolie, les yeux bruns, le sourire plein d'entrain, s'exprimant plus volontiers par des actes que par des mots ». Elle était née quelques jours après l'armistice de 1918, le 18 novembre exactement. Elle avait eu une enfance heureuse et banale, dévouée aux autres, très aimée par son grand-père. Elle s'engagea dans le scoutisme israëlite et tout naturellement devint assistante sociale. À Toulouse, qu'elle rejoignit au printemps 1941, elle travailla dans le cadre du Secours national, créé par Vichy, et en profita pour venir en aide aux enfants d'immigrants et aux Juifs cherchant à quitter le pays. Lors de l'occupation de la zone libre par les Allemands en novembre 1942, elle était adjointe départementale du mouvement Combat, l'organisation de la résistance du Sud-Ouest. Quotidiennement elle avait affaire à la « Gestapo française », et aux fonctionnaires zélés de Vichy. Elle frôlait en permanence le danger. Lors d'une perquisition chez elle, elle fut arrêtée et envoyée à Drancy, où elle continua de s'occuper d'enfants souvent privés de leurs parents. Le 19 novembre 1943, elle venait juste d'avoir vingt-cinq ans, elle fut expédiée par le convoi 62 avec 1 200 autres Juifs à Auschwitz-Birkenau, où, selon certains témoignages, elle serait morte en janvier 1944 lors d'une épidémie de typhus. Jusqu'à maintenant, son nom était simplement inscrit sur le mémorial de la Shoah à Paris, ... et maintenant dans nos livres.

Me revint alors en mémoire une image terrible, celle de l'exposition dégradante, *Le Juif et la France*, qui avait eu lieu en septembre 1941 à Paris, puis dans plusieurs villes de province. Cette affiche de René Péron annonçant et cautionnant la politique nazie d'extermination des Juifs de France et d'Europe, avec la complicité de certains Français, rejoignait ainsi, par son contenu, le message de haine de certaines images de *La Libre Parole illustrée*, du *Pèlerin*, du *Pstt...!* et du *Musée des Horreurs*, publiées cinquante ans plus tôt.

Les images de l'affaire Dreyfus ont eu à l'époque un pouvoir redoutable qui, malgré les années, n'a pas disparu. Elles ouvrent encore maintenant la porte de nos émotions et de nos passions. Elles ne sont jamais innocentes. Il est donc nécessaire de les voir et d'apprendre à les lire. Ce travail de mémoire devrait encourager les jeunes générations à entraîner leur vigilance, vu le monde incertain qui les attend.

Le Juif et la France. Exposition au Palais Berlitz. sous l'égide de l'Institut d'étude des questions juives. Affiche de René Péron, septembre 1941

Repères chronologiques

1843 Début de *L'Illustration.*

1859-10 Naissance d'Alfred Dreyfus à Mulhouse.

1869-8 Naissance de Lucie Hadamard, sa future épouse.

1870-9 Le jeune Alfred assiste à l'entrée des soldats allemands à Mulhouse.

1871-4 Début du *Grelot.*

1872 Dreyfus quitte l'Alsace avec une partie de ses frères et sœurs, son père ayant opté pour la nationalité française. Sa mère et deux de ses frères aînés restent en Alsace pour surveiller l'entreprise familiale.

1873 Début du *Pèlerin.*

1875 Le jeune Alfred est pensionnaire à Sainte-Barbe à Paris.

1878 Dreyfus entre à l'École polytechnique.

1881-7 Loi sur la liberté de la presse

1882-10 À sa sortie de Polytechnique, Dreyfus est nommé sous-lieutenant.

1887-12 - Démission du président Jules Grévy.
- Élection du président Sadi Carnot.

1889-2 - Début du *Père Peinard.*
- Début du *Supplément illustré du Petit Parisien.*

1889-9 Dreyfus est nommé capitaine.

1890 Début du *Supplément illustré du Petit Journal.*

1890-4 Dreyfus entre à l'École supérieure de guerre et se marie avec Lucie Hadamard, fille d'un négociant en diamants.

1891-4 Naissance de leur fils, Pierre.

1892 Début des attentats anarchistes.

1893 Breveté, Dreyfus entre comme stagiaire à l'État-Major, « premier officier juif à pénétrer dans ce sanctuaire ».

1893-2 Naissance de leur fille Jeanne.

1893-7 Début de *La Libre Parole illustrée.*

1893-12 - Début du *Chambard socialiste.*
- Vaillant lance une bombe à la Chambre.

1894-1 Fin de la 1re série du *Père Peinard.*

1894-6 - Assassinat du président Sadi Carnot à Lyon.
- Élection du président Casimir-Perier.

1894-7 Vote des lois dites scélérates réduisant la liberté de la presse et d'association.

1894-10 Arrestation de Dreyfus.

1894-11 Début du *Rire.*

1894-12 Condamnation de Dreyfus.

1895-1 - Démission du président Casimir-Perier.
- Le général Mercier est candidat à la présidence.
- Élection du président Félix Faure.

1895-2 - Détention de Dreyfus à l'île du Diable.
- Pendant sa captivité, le soutien épistolaire et moral de sa femme l'aidera à survivre.

1895-6 Fin du *Chambard socialiste.*

1896-3 Le lieutenant-colonel Picquart, chef du service de renseignements, identifie le véritable coupable.

1896-10 Reprise du *Père Peinard.*

1896-11 Publication de *Une Erreur judiciaire* par Bernard Lazare.

1897-6 Début du *Cri de Paris.*

1897-9 Fin de *La Libre Parole illustrée.*

1897-10 Début de *La Feuille.*

1897-11 Mathieu Dreyfus accuse Esterhazy d'être le vrai coupable.

1898-1 - Après un procès à huis clos, Esterhazy est acquitté.
- Devant une telle iniquité, Zola écrit « *J'Accuse !* » qui parait dans *L'Aurore.*

1898-2 - Début du *Psst...!*
- Premier procès Zola qui sera cassé pour vice de forme
- Fondation de la Ligue des droits de l'homme.
- Début du *Sifflet.*

1898-5 Second procès Zola à Versailles.

1898-6 - Ministère Henri Brisson.
- Cavaignac, ministre de la Guerre.

1898-7 - Cavaignac présente à la Chambre les documents secrets à l'origine de la condamnation de Dreyfus pour en finir avec l'Affaire. Séduite, l'Assemblée vote l'affichage de son discours. Ultérieurement, ces documents s'avéreront être des faux. Cet acte téméraire ouvre la voie de la révision.
- Arrestation d'Esterhazy.
- Arrestation de Picquart.
- Condamnation à un an de prison de Zola qui part pour Londres.

1898-8 - Découverte du « faux Henry ».
- Suicide du commandant Henry.

1898-9 - Lucie Dreyfus demande la révision du procès de 1894.
- La commission de révision est saisie.
- Esterhazy fuit en Belgique, puis en Angleterre.

1898-10 - La Cour de cassation accepte la demande de révision
- Début de *La Vie illustrée.*

1899-2 - La Chambre vote une loi dessaisissant la Chambre criminelle qui a mené l'enquête : l'arrêt devant être rendu par l'ensemble des Chambres réunies.
- Mort du président Félix Faure.
- Élection du président Émile Loubet.

1899-3 Fin de *La Feuille.*

1899-6 - La cassation du jugement de 1894 est signifiée à Dreyfus
- Constitution du ministère de « Défense républicaine » présidé par Waldeck-Rousseau.
- Fin du *Sifflet.*

1899-7 Retour de Dreyfus en France.

1899-8 - Procès de Dreyfus devant le Conseil de guerre de Rennes.
- Maître Labori, un de ses avocats est blessé par balles.
- Dreyfus à nouveau condamné .

1899-9 - Fin du *Psst...!*
- Mort de Scheurer-Kestner
- Dreyfus gracié par le président Loubet rejoint sa famille à Carpentras.

1900-1 Mercier élu sénateur de Loire-inférieure.

1900-4 Exposition universelle à Paris.

1900-5 La Chambre s'oppose à la reprise de l'Affaire.

1900-6 La Chambre vote l'amnistie des personnes liées à l'Affaire, Dreyfus en est excepté, à sa demande.

1901-4 Début de *L'Assiette au Beurre.*

1902-4 Élections législatives.

1902-9 Mort accidentelle et funérailles de Zola.

1903-9 Mort de Bernard Lazare.

1903-11 Requête en révision déposée par Dreyfus.

1904-8 Mort de Waldeck-Rousseau.

1905 Loi de séparation de l'Église et de l'État.

1906-1 Élection du président Armand Fallières.

1906-6,7- Après débats, arrêt de la Cour de cassation, cassant sans renvoi le jugement du conseil de guerre de Rennes.
- Dreyfus et Picquart sont réintégrés dans l'armée.
- Dreyfus réhabilité est fait chevalier de la Légion d'honneur.

1906-10 - Clemenceau, président du Conseil.
- Picquart, ministre de la Guerre.
- Début du *Témoin.*

1907 - Dreyfus fait valoir ses droits à la retraite.
- Fin du *Grelot.*

1908-7 - Transfert des cendres de Zola au Panthéon.
- Au cours de la cérémonie, Dreyfus est blessé au bras par deux balles tirées par le journaliste Grégori, acquitté deux mois plus tard.

1910-12 Fin du *Témoin.*

1912-4 Fin de *L'Assiette au Beurre.*

1914-1 Mort et funérailles nationales du général Picquart.

1914-7 Assassinat de Jean Jaurès.

1914-8 - L'Allemagne déclare la guerre à la France.
- Dreyfus reprend du service comme commandant.

1918-11 Naissance de Madeleine, fille de Jeanne et Pierre-Paul Lévy, petite-fille de Dreyfus.

1930 Mort de Mathieu Dreyfus.

1934-2 Affaire Stavisky et émeute à Paris.

1935-7 Mort d'Alfred Dreyfus.

1944-1 Mort en déportation à Auschwitz de Madeleine Lévy.

1945-12 Mort de Lucie, épouse d'Alfred Dreyfus.

1946 Mort de Pierre, fils de Dreyfus.

1977 Mort de Pierre-Paul Lévy, le mari de Jeanne.

1981 Mort de Jeanne, fille de Dreyfus.

La famille Dreyfus. En septembre 1899, Alfred Dreyfus, Lucie, sa femme courageuse et résolue à laquelle il doit tant, et leurs jeunes enfants, Pierre et Jeanne, qui ne connaissent pratiquement pas leur père, se retrouvent dans la joie et l'apaisement, après toutes ces années de souffrance et d'angoisse. Commencera alors la longue attente...

Photographie A. Gerschel, Carpentras, 1899. Coll. BHVP.

Index des périodiques

– Tout ça, c'est pas de la justice, c'est d'la politique père Ubu.
Dessin de Félix Vallotton, *Le Sifflet*, n°1, 17 février 1898.

– Les numéros renvoient aux pages où sont reproduites les illustrations.
– Les abréviations précisent éventuellement la position de l'image dans la page : h= en haut ; b= en bas ; d= à droite ; g= à gauche ; m= au milieu.

Index des dessinateurs

Vignette typographique de Steinlen parue à la une de *La Feuille* de 1897 à 1899.

Bibliographie succincte

– *L'Affaire Dreyfus, de A à Z*, ouvrage collectif sous la direction de Michel Drouin, comportant une introduction générale, et de nombreux thèmes, abordés par soixante-dix-sept auteurs différents, Flammarion, Paris, 1994.

– *L'Affaire Dreyfus, et le Tournant du siècle*, catalogue d'exposition réalisé sous la direction de Laurent Gervereau et Michel Prochasson, avec le concours d'une trentaine d'auteurs, Musée d'Histoire contemporaine – BDIC, 1994.

– *L'Affaire Dreyfus, une tragédie de la Belle Époque*, catalogue d'exposition, réalisé sous la direction de Béatrice Philippe, avec le concours d'une vingtaine d'auteurs, Mairie du XIe arrondissement de Paris, 1994.

– *L'Affaire Dreyfus, Vérités et mensonges*, Revue *Histoire, n°173*, janvier 1994. Fait le point sur les découvertes historiques récentes.

– BACHOLLET Raymond, *L'Affaire Dreyfus en images*, suite d'articles parus dans la revue mensuelle *Le Collectionneur Français*, n°158 de juin 1979, puis du n°322 de mai 1994 au n°381 de septembre 1999 (*La Feuille, L'Illustration, Le Petit Journal illustré , Psst...!, Le Sifflet, Le Musée des Horreurs)*. Ces articles sont consultables à la Bibliothèque Forney, Paris.

– BACHOLLET Raymond, « Grandjouan avant l'Assiette au Beurre » (notamment son rôle dans l'affaire Dreyfus), dans *Jules Grandjouan, créateur de l'affiche politique illustrée en France*, ouvrage collectif, sous la direction de Fabienne Dumont, Somogy, Paris, 2001.

– BOUSSEL, Patrice, *L'Affaire Dreyfus et la presse*, collection Kiosque, Armand Colin, Paris, 1960.

– BREDIN, Jean-Denis, *L'Affaire*, Nouvelle édition refondue, Fayard/Julliard, Paris, 1993. Une synthèse remarquable de l'Affaire.

– BURNS, Michael, *Histoire d'une famille française, Les Dreyfus*, Fayard, Paris, 1994. Une approche nouvelle qui donne une épaisseur humaine étonnante aux membres d'une famille juive plongée dans l'histoire tragique de la Troisième République.

– DREYFUS, Alfred, *Cinq années de ma vie* (1894-1899), préface de Pierre Vidal-Naquet, postface de Jean-Louis Lévy, Éditions La Découverte, Paris, 1994.

– DREYFUS, Alfred, *Carnets (1899-1907)*, édition établie par Philippe Oriol, préface de Jean-Denis Bredin, Calmann-Lévy, Paris, 1998.

– FAURE, Sébastien, *Les Anarchistes et l'affaire Dreyfus*, présentation de Philippe Oriol, Éditions CNT–Région parisienne, 2002.

– GRAND CARTERET, John, *L'Affaire Dreyfus et l'Image*, Ernest Flammarion, Éditeur, Paris (vers mars 1898).

– IBELS, Henri Gabriel, *Allons-y*, Histoire contemporaine, racontée et dessinée par H. G. Ibels, P. V. Stock éditeur, Paris, (octobre) 1898 (dessins commentés déjà parus dans *Le Sifflet*).

– LAZARE, Bernard, *L'Antisémitisme, son histoire et ses causes*, préface de Jean-Denis Bredin. Les Éditions 1900, 1990.

LA LIBRE PAROLE.
– Quel dommage que sa Sainteté ne la lise pas tous les jours. Dessin de Jossot, *Le Cri de Paris*, n°139, 24 septembre 1899.

LE MUSÉE D'ART ET D'HISTOIRE DU JUDAÏSME

Situé dans le quartier historique du Marais, dans l'un des plus beaux hôtels particuliers de Paris, le Musée d'art et d'histoire du Judaïsme retrace l'évolution des communautés juives à travers leur patrimoine culturel et leurs traditions. Outre des objets d'art cultuel, des textiles et des manuscrits, le musée présente des documents uniques sur les courants intellectuels, l'art et l'histoire – dont des archives de l'affaire Dreyfus. Chagall, Modigliani, Soutine, Kikoïne illustrent, parmi d'autres artistes, la présence juive dans l'art du xxe siècle.

Le fonds Dreyfus du MAHJ. En 1997, le Musée d'art et d'histoire du Judaïsme a reçu en don des petits-enfants du capitaine Dreyfus un fonds d'archives restées en possession de la famille. Ce fonds est composé de plus de 3 000 documents : manuscrits, lettres, photographies, souvenirs familiaux, pièces officielles, livres, cartes postales, affiches ... Parmi les documents essentiels : l'inhumaine consigne de l'île du Diable qu'un gardien réussit à conserver, les autorisations données à Lucie de revoir son mari, l'original de la superbe lettre adressée par Dreyfus à son épouse, les galons de capitaine qui furent arrachés à Alfred Dreyfus lors de sa dégradation dans la cour de l'École militaire le 5 janvier 1895, les observations rédigées en prison par Dreyfus sur diverses dépositions du procès de Rennes, un exemplaire de *Cinq années de ma vie*, corrigé de sa main, de nombreuses lettres émanant d'amis inconnus, témoignages de soutien du monde entier, mais aussi de grandes figures dreyfusistes.
Une partie de ce fonds est présentée dans les collections permanentes du musée, dans la section « L'Émancipation, le modèle français ».

Grâce au soutien de la Direction des musées de France, le fonds Dreyfus numérisé est accessible dans son intégralité depuis juin 2006 sur le site **www.mahj.org**.

• **Musée d'art et d'histoire du Judaïsme**
Hôtel de Saint-Aignan – 71 rue du Temple - 75003 PARIS - Tél. : 01 53 01 86 60

LE MUSÉE DE BRETAGNE

En cette année du centenaire de la réhabilitation de Dreyfus, il est intéressant de signaler la place éminente du musée de Bretagne dans la conservation et la mise en valeur de documents concernant cette douloureuse Affaire.

Rennes fut en effet la ville du second procès de Dreyfus en 1899, après les cinq années de détention du prisonnier à l'île du Diable. Elle fut aussi la ville de ses désillusions et de ses espoirs déçus, puis de sa nouvelle condamnation. Elle est maintenant le lieu du souvenir, car Jeanne Lévy, la fille de Lucie Dreyfus et de l'officier déchu, gracié puis réhabilité, fit don en 1978 à la ville de Rennes de 4 000 documents et témoignages, renforçant la collection initiale, composée de pièces acquises lors du procès, et enrichie par l'acquisition de périodiques et de cartes postales. Cette collection importante fut encore complétée ultérieurement par des dons de la famille Dreyfus et de l'historien américain, Michael Burns, puis par des achats réguliers.

Le musée de Bretagne consacre en permanence une exposition à l'affaire Dreyfus depuis mars 2006 aux *Champs Libres*, proposant au public un équipement culturel original. À l'entrée, le visiteur est invité à utiliser une carte magnétique qui lui permet de se mettre à la place d'un des grands acteurs de l'Affaire : Lucie Dreyfus, Emile Zola, Auguste Scheurer-Kestner, etc., et de déclencher ainsi pendant son parcours les commentaires et informations correspondant au personnage choisi. Une façon vivante de percevoir l'affaire Dreyfus dans le contexte de l'époque.

• **Musée de Bretagne**
Les Champs Libres - 10, cours des Alliés - 35000 RENNES
Tél. : 02 23 40 66 00 – **www.musée-bretagne.fr**

Un musée Dreyfus sera inauguré à Médan en 2008.

Émile Zola a lancé en 1898 son appel historique « J'Accuse ! » de son appartement de la rue de Bruxelles, à Paris. Mais son soutien sans faille au capitaine Dreyfus, durant les années suivantes fut aussi vif depuis Médan. Il est donc naturel que la propriété d'Émile Zola soit consacrée à la lutte de l'écrivain pour l'honneur, la vérité, la justice, la fraternité. Toutes ces valeurs seront célébrées dans le futur musée Dreyfus qui ouvrira ses portes au public en 2008 lors de la commémoration du centenaire du transfert des cendres d'Émile Zola au Panthéon.

Maison Zola. 78670 MÉDAN – Tél : 01 39 75 35 65

KHARBINE-TAPABOR

...remonte le temps pour vous !

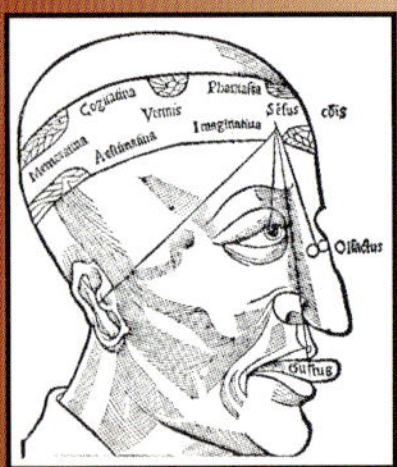

Kharbine-Tapabor, partenaire de cet ouvrage, est une agence photographique spécialisée dans le document ancien, à l'intention des professionnels de l'image. Notre fonds documentaire couvre tous les sujets tels que : l'histoire de l'antiquité à nos jours, les explorations, la géographie, les religions, la vie quotidienne, la famille, le travail, les petits métiers, l'industrie, les sciences et techniques, le cinéma, la presse ancienne, la botanique, l'agriculture, la littérature classique et populaire, les mouvements sociaux, les mythes et légendes, les traditions populaires, la politique, la caricature, les arts, le spectacle, le cirque, le music-hall...

Les supports de nos images sont très divers : estampes, affiches, peintures, sculptures, miniatures, presse, cartes géographiques, mais aussi sites archéologiques, objets, publicités, photographies, cartes postales, livres et périodiques, panneaux scolaires, encyclopédies, imagerie populaire de toutes les époques jusqu'en 1970 environ...

15, rue Keller – 75011 PARIS
Tél. : 01 48 05 80 41 – Fax : 01 40 21 33 15
E-mail : kharbine@kharbine-tapabor.com

SITE www.kharbine-tapabor.com

BASE DE DONNÉES www.kharbine-tapabor.com/orphea

Remerciements

Ce livre est le fruit d'amitiés anciennes et d'un amour commun pour l'image, mais une image-document toujours replacée dans son contexte.

Merci une nouvelle fois à toute l'équipe de l'agence Kharbine-Tapabor pour son accueil amical, merci à Nicole et Jean Grob, à Alexa et à leur fils Frédéric, qui a assuré toutes les prises de vues, à Philippe Louis Joseph Dogué, qui gère avec diligence le fonds documentaire, et Emmanuelle de Larminat.

Mes plus vifs remerciements à Michel Dixmier qui, comme d'habitude, a ouvert sa riche collection de périodiques pour mes recherches iconographiques.

– à Jean-Louis Germain pour son accueil chaleureux, ses encouragements et ses suggestions.

– à Anne-Claude Lelieur, pour ses patientes relectures, son soutien matériel et moral permanent.

– à Jean-Pierre Dauphin pour ses conseils avisés.

– à Noémie Koechlin, la petite fille de Jules Grandjouan pour sa générosité et ses encouragements.

– à la revue *Le Collectionneur Français*, à André Escaro, à Édith di Maria et à Dominique Imbert, d'avoir soutenu pendant plus de vingt ans mes expéditions dans l'univers de la presse satirique française, et notamment lors de mes recherches sur l'affaire Dreyfus.

– à Mesdames Adass, Arenas, Aubin, Jeanneret, Le Blond-Zola, Martin-Adam et à Denis Peaucelle.

– à la bibliothèque Forney, à son conservateur en chef Frédéric Casiot et à son personnel, pour leur aide amicale.

– à la Bibliothèque historique de la Ville de Paris, qui possède un important fonds Dreyfus, à Mme Jigoux et à Mme Madore, conservatrices.

– à l'imprimerie La Fertoise, et à son personnel compétent et dévoué.

– à Daniel Bordet, d'avoir ouvert sa collection à un projet mettant en scène les images politiques d'un grand moment de l'histoire de la société française.

Merci enfin à Jean-Denis Bredin, d'avoir accepté d'honorer ce projet un peu téméraire de son autorité et de sa bienveillance.

Cet ouvrage,
le neuvième de la collection
« Les 100 plus belles Images »
a été achevé d'imprimer
en mai 2006
sur les presses de
l'Imprimerie La Fertoise,
en France, qui a également
réalisé la photogravure
et le flashage.

Vendeur du *Petit Parisien*.
22 octobre 1899.